理想追求型
QCストーリー

「未来の顧客価値」を起点にした
コンセプト主導型の新製品・サービス開発手法

加藤雄一郎 著

日科技連

まえがき

　「切腹覚悟で申し上げます」……TQM界の大御所を目の前に，外様の若輩者がTQMに対して問題提起するというとんでもない講演に臨んだのは2006年12月．当日の講演はこの一言だけを毛書体で縦書きしたシートから入りました．第83回品質管理シンポジウム最終日の出来事です．

　筆者はもともとTQMの世界の人間ではありません．名古屋工業大学に着任する前までは，広告会社でマーケティングプランナーとしてブランドマネジメント実務に携わっていました．講演内容の趣旨は，「TQMは，『達成すべき事』を決めた後のハウツーは充実しているが，『そもそも達成すべき事は何か』を検討するための方法論は弱い．つまり，"how to do"には強いが，"what to do"に弱い．一方で，ブランドマネジメントは『自分たちのブランドが実現すべき価値は何か』という"what to do"の意思決定に強い．TQMとブランドマネジメントは相互補完関係．TQMは，"what to do"に強いブランドマネジメントの考え方を導入すべきだ．私は両者を融合させてみたい」というものです．

　「もし，質疑が紛糾したらどうか仲裁に入ってください」と講演本番直前に事務局にお願いしたくらい，若輩者の生意気な提言が直後の質疑で大荒れを招くのではないかと心配していたのですが，実際はまったく逆でした．「がんばってみなさい」，「楽しみにしている」……何人もの権威ある先生方からこのような有り難いお言葉をいただきました．それらのお言葉が，"what to do"に重きを置いた「理想追求型QCストーリー」の誕生を導いてくださったといっても過言ではないと思っています．

　しかし，その道のりは険しいものでした．その後，十数社の企業と個別に協働ワークしましたが，"what to do"の手続きをどうしても一意に定めることができなかったのです．十人十色ならぬ，十社十色です．風土や価値観は企業によって固有です．思考の手続きはこれら企業の固有性の影響を受けるため，手続きを一般化できないまま月日が流れてしまいました．

流れが変わったのは，2011 年の「味穂会談」．大阪・心斎橋の「味穂」という居酒屋で，当時加藤研究室の学部 4 年生だった松村喜弘君とおでんをつつきながら話し合った時が転換点です．あの日は，広島で行われたマツダとのワークセッションの帰りでした．そのまま名古屋に帰るのはもったいないということになり，大阪で途中下車して京セラドームに野球観戦した後に立ち寄った店です．「なぁ，松村．いまマツダでやっている取組みは絶対に方法論として形になると思う．名称は既に考えていて，理想追求型 QC ストーリーにしたい．俺はどうしても理想追求型 QC ストーリーを産業界に提案したいんだ．一緒にやらないか？」……松村君は二つ返事でした．「ぜひ，やりましょう」と．私たちの中では，あの日のことを「味穂会談」と呼んでいます．この日を境にして，それ以降の企業とのワークセッションでは，「その時点で最も有力なステップ仮説をもとに，実際に試してみて使い勝手を検討し，必要に応じてステップをすぐに再構成する」ことを徹底していきました．

　当時はまだ，肝心の手法の中身が作り込まれていない状態でしたが，手法の名称だけは決めていました．それが「理想追求型 QC ストーリー」です．前述のとおり，本書が提案する手法の誕生は，TQM 界の先生方からいただいた有り難い言葉がきっかけです．筆者としては感謝の気持ちを込めて，手法名称に TQM の用語をどうしても用いたいという思いがありました．数ある TQM の方法論のなかでも，特に筆者は QC ストーリーという思考手続きが大好きで，ぜひ本手法にも QC ストーリーという語を使わせていただきたいと思いました．

　QC ストーリーには既にいくつかあり，特に有名なものとして「問題解決型」と「課題達成型」があります．本手法を何型と呼ぶかについては，迷うまでもなく「理想追求型」にしました．この言い方はコマツとの取組みから生まれたものです．先の第 83 回品質管理シンポジウムにご出席した当時のコマツの経営トップがその 4 カ月後の 2007 年 4 月に「コマツ ブランドマネジメント プロジェクト」（通称「BM プロジェクト」）を立ち上げました．その後，現在までずっとご一緒させていただいておりますが，

まえがき

　その記念すべき初年度メンバーとのディスカッションを重ねてみんなで編み出した言葉が「理想追求型」です．当時，プロジェクトメンバーと共に「顧客から見てコマツがなくてはならない存在になるために，コマツは顧客とどう向き合うべきなのか」について，いろいろな"型"を検討しました．顧客対応として最もダメな型は，価格競争になりかねない「取引型」．これに対してコマツ自身が独自に編み出したのが「問題解決型」．そして，これからは自分たちプロジェクトメンバーの手で「理想追求型」と呼ぶに相応しい顧客対応プロセスを確立したいということになりました．顧客と理想を共有し，顧客とコマツの双方が力を出し合って理想を実現するプロセスの確立を目指すことになったのです．彼らと過ごした日々はいまの私の原点になっています．彼らの思いを引き継ぎ，どうしても形にしたかった．その気持ちが「理想追求型」という表記に表れています．

　TQMに対する敬意からきた「QCストーリー」，そして，コマツのプロジェクトメンバーと一緒に考えて生まれた「理想追求型」という言葉．こうして，「理想追求型QCストーリー」という名称が誕生しました．

　実際の理想追求型QCストーリーは，非常に多くの方々との関わりによって誕生したものです．理想追求型QCストーリーの基本思想は前述のとおりコマツとの取組みを通じて作り上げられました．初年度メンバーの熱い思いはいまも筆者の心に宿っています．マツダには理想追求型QCストーリーを方法論として一般化するきっかけを与えていただきました．プロジェクトメンバーのみなさまとの，あの熱き議論が最近話題になっている新モデルの誕生にほんの少しでもお役に立ったのならこれ以上の喜びはありません．そして，理想追求型QCストーリーが最終的に全12ステップ構成に至る原型は，「名工大イノベーション研究会」にご参画いただいた企業のみなさまとの協働ワークによるものです．みなさまとの協働はかけがえのないものでございました．

　このほか筆者の研究室と理想追求型QCストーリーを用いて協働ワークしてくださった企業は大小合わせて20社以上に及びます．たくさんの企業との取組みを経て，ついにできあがったのが本書で記した全12ステッ

v

プです．第83回品質管理シンポジウムから7年の月日を経て，ようやく方法論の確立に漕ぎ着けました．

このように，理想追求型QCストーリーは，筆者一人の力によって生まれたものでは全くありません．非常にたくさんの企業のみなさまとの共創によって作り上げられたものです．この手法は，ご一緒した企業のみなさまとの，血と汗と涙の結晶です．みんなの知識の集約と生成がもたらしたものです．理想追求型QCストーリーを共創してくださった全ての企業のみなさまにこの場を借りて厚く御礼申し上げます．

理想追求型QCストーリーの確立に関わってくださったのは企業の方々だけではありません．上記の企業と筆者を出会わせてくれたのはほかならぬ日本科学技術連盟です．日本科学技術連盟には，品質管理シンポジウムとクオリティフォーラムという主催イベントを通じて，その時点で筆者が考えていることを産業界に問う貴重な機会を数えきれないほど与えていただきました．日本科学技術連盟の茂田宏和さんは私にとって盟友です．特に，第95回から3回連続で品質管理シンポジウムのグループディスカッションリーダーを務めた経験は，全3回で延べ80名の実務家と議論する場をもたらし，本書の内容を作り込む貴重な機会でした．たとえば，第95回の議論では，「最も喜ばせたいのは誰か」を決めた後に，「その人に何をさせてあげたら喜ぶか」をコンセプトとして示すことが重要だという提言に至ったのですが，この議論は理想追求型QCストーリーにリード・ユーザー概念を持ち込むきっかけになりました．みなさまとの議論を通じて得られた知見は本書の第9章にたくさん散りばめられています．

日本科学技術連盟を介して出会うことができた企業の皆様と共創した理想追求型QCストーリーは，是が非でも日科技連出版社を通じて産業界に提案したいと強く思っていました．念願が叶い，本当に嬉しく思っております．本書の出版はかれこれ4,5年前にはすでに出版計画が組まれていたのですが，具体的な期限がなかったことをいいことにずるずると月日を経過させてしまいました．ご担当の戸羽節文様，大変申し訳ございませんでした．これ以上，引き延ばすわけにはいかないと自分を追い込むべく，

まえがき

　本書の執筆に先がけて日本品質管理学会の学会誌『品質』に企画連載原稿を毎号寄稿する機会をいただきました．2014年1月(Vol.44, No.1)からスタートした「連載：事業の高付加価値化に向けた新たな思考技術の確立と組織マネジメントの在り方」は本書の執筆ペースを飛躍的に高めるうえで効果てきめんでした．提出期限が存在することの重要性を再認識した次第です．本書は『品質』の企画連載原稿をベースに仕上げたものです．

　研究室の学生たちにも感謝の言葉を述べたいと思います．7年間にもわたる険しい道には，いつも隣で学生たちが一緒でした．彼らがいてくれたから，筆者は走り続けることができました．加藤研究室が「目標創造力の向上」を掲げるようになった当時の学生メンバーだった池田祐一君と奈良亜美さんは，指導教官(＝筆者)自身が右往左往している中，一緒になって一生懸命に考えてくれました．加藤研究室の現在は，彼ら二人が作ったと確実にいえます．筆者にとって初めての著書『JSQC選書9　ブランドマネジメント』(日本規格協会)の執筆において，池田君と奈良さんは欠かすことのできない共創者でした．今回の著書も加藤研究室の現メンバーとの共創の賜物です．大野正博君，安藤彰悟君(現，修士1年)，丹羽正樹君，野末卓君(現，学部4年生)はもはや共同執筆者です．彼らとの強固な連携が本書の完成を早期実現させました．なお，本書の第4章に掲載された4コマ漫画は筆者の研究室の丹羽正樹君の作品(？)です．

　そして，松村喜弘君．彼がいなければ，出版どころか理想追求型QCストーリーそのものを確立することができなかった．松村君が加藤研究室に在籍した3年半の月日は，順調な時よりも，苦難の時のほうがはるかに多かったと思います．企業とのワークセッションがうまくいかず，どう対処すればいいのかわからずに途方に暮れたことは数知れず．でも，隣にはいつも松村君がいて，打開策を一緒に考えてくれました．私にとって最高の共創パートナーでした．あの時の「味穂会談」が，いまこうして実を結んだことを感慨深く思います．いままで本当にありがとう．

　素晴らしい仲間との出会いは名古屋工業大学への着任なくしてありえませんでした．長年住み慣れた地を離れ，見知らぬ地に来た当初は戸惑いの

連続でしたが，いま自信をもって言えます．「名古屋工業大学に来て本当に良かった」と．この大学が私の人生を変えたと思っています．心から感謝しております．

　最後に，本書に賭けた筆者の思いを綴らせてください．

　2010年11月に脳血管損傷の病気が発覚して以降，筆者は失意のどん底にありました．仕事量を制限しなければならなくなり，多くの関係者にご迷惑をおかけすることになってしまい，自分を責める毎日が続きました．その間，多くの仲間やご一緒していた企業のみなさまから励ましていただき，このまま腐ったままでたまるか！という気持ちを少しずつ高めることができました．病気発覚時に当時の水谷章夫専攻長から頂いた「ここで終わる君ではないはずだ」という言葉が，私の再出発の原点です．

　翌2011年7月23日，これまで応援してくださった方々に「私はこれからもがんばります」とお伝えしたい一心で，再起を誓う自主講演を開催しました．その講演会に270名もの実務家のみなさまが駆けつけてくださった時の感動はいまでも決して忘れたことはありません．いまの私があるのは，みなさまからいただいた応援があったからです．あの日があったからこそ，いまの私があります．みなさまについに理想追求型QCストーリーができました！と少しでも早くご報告したくて，本書の完成に情熱を注いでまいりました．多くの方々に支えられ，たくさんの応援をいただいたことに，言葉では言い表しようのない感謝の気持ちでいっぱいです．私の脳血管損傷の病気は，ここ2年，幸いにして改善の方向に向かっております．今度こそ，私がみなさんを応援する番です．

　私の思いは一つです．わが国製造業が光り輝く存在で在り続けるために．この思いしかありません．本書ができたばかりですが，既に続編の「事業創造人材の育成」に着手いたしました．微力ではございますが，わが国製造業のさらなる発展に少しでもお役に立てますよう，生涯を閉じるまで全力を尽くすことを誓い，まえがきを締めくくらせていただきます．

2014年10月20日

加藤雄一郎

第 2 刷　発行にあたって

　本書は，1カ月半前の 2014 年 11 月 29 日に出版されたばかりではございますが，当初の予想を上回るペースの売れ行きにより，ありがたいことに初版部数の在庫が僅少になりました．本来であれば初版の内容をそのままに「第 2 刷」になるのですが，企業とのワークセッションを通じて得られた最新の知見を反映させるべく，第 10 章の内容をバージョンアップすることにいたしました．第 10 章以外の内容に変更はございません．今後も，理想追求型 QC ストーリーがみなさまにとって使いやすいものになりますよう，適宜バージョンアップしてまいります．今後ともどうかよろしくお願い申し上げます．

　2015 年 1 月 15 日

筆　者

目　次

まえがき iii

第Ⅰ部　新たな価値の創造に向けて私たちが改めるべき価値観と高めるべき能力　1

- 第1章　断ち切るべき負の連鎖 2
- 第2章　イノベーション再考 7
- 第3章　イノベーションを阻む原因
  　　　　―差別化すべき対象は何か― 13
- 第4章　目標創造力を高める新たな思考技術の必要性 19

第Ⅱ部　理想追求型QCストーリーを用いた事例　31

- 第5章　B2B事例 32
- 第6章　B2C事例 42

第Ⅲ部　理想追求型QCストーリーの特徴　53

- 第7章　インターナル・マーケティング
  　　　　―組織的な知識創造に関する理論的枠組み― 54
  - 7.1　価値創造の在り方についての再検討 54

7.2　インターナル・マーケティング：組織横断的取組みによる
　　　価値創造 ……………………………………………………………… 55
7.3　キーワード：バックキャスティング ………………………………… 59

第8章　理想追求型QCストーリーの手続きが詳細化された
　　　　　経緯 ……………………………………………………………… 64

第9章　理想追求型QCストーリーに欠かすことのできない
　　　　　キーワード ……………………………………………………… 80
■キーワード1：リード・ユーザー ……………………………………… 80
■キーワード2：スクリプト ……………………………………………… 83
■キーワード3：顧客シェア ……………………………………………… 90

第Ⅳ部　理想追求型QCストーリーの実践　　　　　　　　　　　101

第10章　実践ワークブック
　　　　　―理想追求型QCストーリーを実践してみよう― …………… 102
■ステップ0：現行価値次元の確認 ……………………………………… 104
■ステップ1：企業理念の確認 …………………………………………… 105
■ステップ2：リード・ユーザーの選定 ………………………………… 106
■ステップ3：取引継続期間の設定 ……………………………………… 110
■ステップ4：取引継続期間を見通した外部環境分析 ………………… 111
■ステップ5：解決／支援リストの作成 ………………………………… 112
■ステップ6：何屋規定 …………………………………………………… 114

- ■ステップ7：共創プロセスの設定 ……………………………………… 116
- ■ステップ8：新規要求項目アイディアの導出 ……………………… 118
- ■ステップ9：組織内部の知識の集約 …………………………………… 120
- ■ステップ10：新規要求品質アイディアの導出 ……………………… 121
- ■ステップ11：新製品・サービスの考案 ……………………………… 122
- ■ステップ12：価値次元創造の可能性検討 …………………………… 122
- ■検討を終えたら ……………………………………………………………… 124

第11章　理想追求型QCストーリーが個人の思考にもたらす効果 ……………………………………………………………………………… 125

11.1　ワークセッション体験日記 ………………………………………… 127
11.2　理想追求型QCストーリーがもたらす効果 ……………………… 132

第12章　結　語 …………………………………………………………………… 137

12.1　理想追求型QCストーリーの役割 ………………………………… 137
12.2　事業創造人材の育成プログラムの開発に向けて ……………… 141
12.3　個の創造性を活かす組織づくりに向けて ……………………… 144

索　引 …………………………………………………………………………… 148

第 I 部

新たな価値の創造に向けて私たちが改めるべき価値観と高めるべき能力

　魅力的な製品・サービスの継続的な創造による，持続的な高収益の獲得．これは業種を問わず，全ての企業が望むありたい姿だと思います．しかし，実際に私たちを取り巻く環境は非常に厳しく，その望みを叶えることができずにいる企業が少なくありません．

　いま，企業の組織内部で何が起きているのかについて，筆者は実務家のみなさまと接する機会があるごとに，自由記述形式の組織実態アンケートを実施してまいりました．半期に一度，箱根で開催される「品質管理シンポジウム」（(一財)日本科学技術連盟主催）にて筆者がグループリーダーを務めるグループのみなさまへのヒヤリングをはじめ，名古屋工業大学が定期開催する「名工大 MOT シンポジウム」にお越しいただいた方々に回答を依頼するなどして，およそ2年をかけて合計150サンプル以上の回答をいただきました．回答者は製造業の管理職が中心です．みなさまからいただいたアンケート回答を拝見し，あらためて危機感を募らせています．組織実態アンケートから得た実務家のみなさまのリアルな声を交えて，本書の基本的な立脚点を明確にしたいと思います．

第1章
断ち切るべき負の連鎖

　今日，製造業を中心に多くの企業が価格競争の問題に直面しているといわれています[1][2].「市場開拓時には数十万円もした高精度クオーツが，その後機能を高めながらも低価格化し，いまや数千円から数百円で買える時代になった」という指摘は，その象徴的な表現の一つといえるでしょう[3]. 実際，実務家の回答として価格競争に悩まされている声が多く寄せられています(**表 1.1**).

　価格競争を引き起こす最も深刻な原因の一つとして，製品・サービスのコモディティ化が挙げられます．コモディティ化とは，製品・サービスの本質的な部分での差別化が困難で，顧客側からほとんど違いを見出すことのできない状況をいい[4], 市場において勝ち負けを決める「争点」が価

表 1.1　価格競争を危惧する実務家の声

- 新興国製品の品質レベル向上に伴い，同質化による価格競争に陥っている
- 近年の商品づくりは，「低価格な商品づくり」の追求が最優先課題になっているようだ
- 新興国市場の急激な進展が世界的な価格競争を激化させている
- 製品に目立った特徴がないために，他社との激しい値引き競争になってしまっている
- 日本国内で価格競争が激化しており，克服の方法がわからずに迷走している
- 価格競争に対応しているものの，砂漠に水を撒くかのごとく全く効果が感じられない
- 多数のメーカーが参入し，価格だけで採否が決まる傾向が強い
- 顧客のその先の顧客も，価格だけで選定する場合が増加し，負の連鎖が拡大している
- 価格競争に陥り，利益目標との乖離が大きくなっている
- コモディティ化とともに利益率は低下しており，徐々に経営に余裕がなくなっている

格以外になくなる競争状況をいいます[5][6]．市場に出回る製品やサービスに大きな違いがないとなれば，価格競争に陥るのは当然です[1]．コモディティ化によって競争は激化し，企業が利益を上げられない程に価格が低下します[2][3]．これは経済学でいうところの「完全競争の状態」に相当します．このような状況に対してコスト削減策や，スピードを重視した組織オペレーションの向上策で対応しようとする企業が少なくありません[7]．実際，コスト削減で難局を乗り切ろうとしている様子が実務家の回答からわかります(**表1.2**)．

表1.2　終わりなきコスト削減

- コスト削減や効率をよくするための改善ばかりが先行しがちである
- 終わることのない原価低減競争の中で模索しており，明るい未来が想像できない
- コストダウンが最重要課題であり，常に追われた毎日を過ごしている
- 多くの企業が揃って効率化を進め，競ってコスト競争力の強化を図っている
- 常に競合とのコスト比較から入る製品開発は顧客不在のコスト削減に陥っている
- 魅力的な商品よりもコストを優先するので，商品価値の追求を妥協してしまう
- 限られた開発費の中で，新製品開発はコストダウンばかりが目立っている
- 当社の新製品開発において，品質向上・コスト削減の実現のみが主軸に置かれている
- 戦略実行などの重要な業務を推進する際にも，「効率」という視点が求められる
- 顧客に感動をもたらすという発想はなく，効率やコストが重視される

コモディティ化による「差別性の消滅」と「価格競争の激化」は，企業間競争の焦点をコストに収斂させることから[4]，コスト削減に奮闘努力する企業の行動は至極当然です．しかし，今日のコスト削減策は，低い生産コストを武器にする新興企業の台頭によって思うような効果を上げることが困難になっています[8]．また，IT化・デジタル化の発展がもたらしたモジュール化と呼ばれる分業の仕組みは，製品開発サイクルの短縮化など企業の開発効率を向上させるという良い面をもたらした一方で，必要なモジュールを入手しさえすればそれらを組み合わせるだけで誰でも製品をつくることができるようになったことから，高度なすり合わせ技術を持たない企業の追従を容易にしてしまう皮肉な現象を引き起こしました[2][9][10][11]．

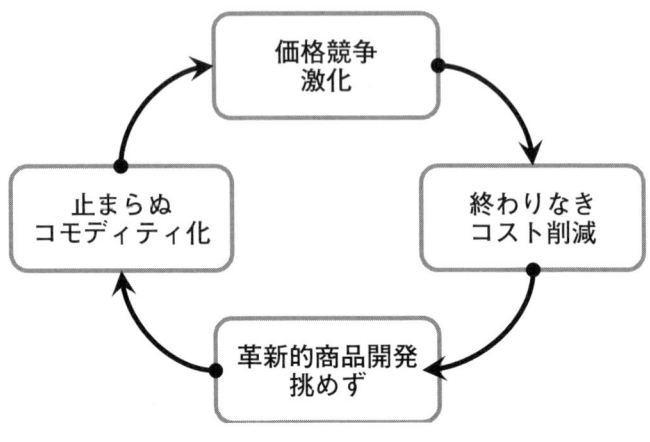

図 1.1　断ち切るべき負の連鎖

　コスト削減でしか対応できない価格競争は，いわば泥沼の消耗戦です．この消耗戦には終わりがありません．筆者の目には，前出の表1.2に記された実務家の回答が，終わりなきコスト削減の取組みに対する悲痛な叫びに映ります．消耗戦に耐えられなくなった企業が市場から退場するのを待つ前に，自社が退場する立場になるかもしれません．脱コモディティ化は急務です．そのためには新たに魅力的な価値を創造しなければなりません．そんなことは筆者にいわれるまでもなく読者のみなさまも重々承知なはずなのですが，実際の現場では次頁の表 1.3に示すような声が聞かれます．

　価格競争に対応するため，一層のコスト削減に取組む，このような取組みの先に，革新的な魅力ある製品・サービスが生まれるはずがありません．結果として，市場は何の変哲もない製品で溢れ返り，勝ち負けの争点がいよいよ価格以外になくなる状態に陥ります．コモディティ化は進むべくして進んでいきます．競争はなお激しくなるという負の連鎖です．この負の連鎖をいかに断ち切るか．これが本書の最大の問題意識です(図 1.1).

表 1.3 繰り返される「特徴なき製品の開発」

- 企画する商品がいずれも無難な商品ばかりで,目立った特徴がない
- 市場に出てくるものは各メーカーとも似たものになる傾向がある
- 商品画一化(似たもの同士)が進んでいて,顧客のニーズを喚起できていない
- 高品質を謳う製品が当たり前になり,同質化している
- 専門家でなければ違いを認識できないほど似通った商品が生まれている

- すでに顕在化している顧客ニーズに対応することを最優先している
- 現状ニーズをいかに解決するかという視点のみでモノづくりが行われる
- ユーザーに何が欲しいかを聞いてそれに応えるだけになっている
- 顧客のVOCをそのまま取り入れた新製品企画・開発を繰り返している
- 顧客の声をそのまま聞き入れ,応えるに留まっており,顧客の期待を超えられない
- 顧客の要望を馬鹿正直にそのまま聞いて製品化している
- 取引先の要求を満たすことに終始し,要求以上のものを提案できる人は非常に少ない
- 製造業には,仕様通りの製品を納入すればよいという暗黙のルールがある
- 大手企業の下請け企業に成り下がっている
- 日本のものづくりは,顧客の細かい要求に応えることに慣れている
- ベンチマークなどを通じてわかる,すでに顕在化しているニーズに着目しがちである
- 他社との違いをつくることが目的化していて,開発した製品を通じてユーザーを惹き付ける世界観の構築に至らない

- 商品価値が「利便性」にとどまっていて,顧客の人生に関わるレベルに達していない
- 生産効率ばかりに重きが置かれ,魅力ある商品づくりが後回しになってきた
- 現在の顧客にニーズを聞いているだけでは,感動商品は生み出せない
- 「ニーズを創出する」という取組みは極めて弱い
- 潜在しているニーズに対応する画期的で魅力的特徴を持った商品がつくられにくい
- モノづくりが行き詰まった今日,人々の感動を生む新しいコトを創出できないことが問題である
- 既成概念や固定観念にとらわれて,新たな発想を膨らませる製品づくりができない
- 現状維持を是とする組織文化では,真の価値創造(革新的な魅力商品)は生まれ難い
- 魅力ある新企画(製品・サービス)を継続的に生み出すことができていない
- いまの製品の高度化に取組むことは得意だが,斬新で大胆な発想が生まれにくい
- 日本企業において,単発のヒット商品を出すことができても,継続的に生み出すことが困難になっている

- 80%のユーザーが頷く商品をつくる傾向にある
- シェア100%などありえないにもかかわらず,すべての人に受け入れられるように製品を開発している
- 万人受けする商品企画しか採択されにくいという企業風土が定着している
- 万人受けする商品を狙うために,かえって特徴のないものになっている

［参考文献］

［1］ 織畑基一(2002):「差別化戦略の本質：いかにして低価格から脱するか」,『経営・情報研究』, No.6, pp.99-113, 経営情報学会.

［2］ 延岡健太郎(2006):『MOT［技術経営］入門』, 日本経済新聞社.

［3］ 榊原清則(2005):『イノベーションの収益化－技術経営の課題と分析－』, 有斐閣.

［4］ 恩藏直人(2007):『コモディティ化市場のマーケティング論理』, 有斐閣.

［5］ 楠木建(2011):「イノベーションとマーケティング－価値次元の可視性と価値創造の論理－」,『季刊マーケティングジャーナル』, VoL.30, No.3, pp.50-66, 日本マーケティング協会.

［6］ 青木幸弘(2011):「顧客価値のデザインとブランド構築」,『価値共創時代のブランド戦略：脱コモディティ化への挑戦』(青木幸弘・徳山美津恵・四元正弘・井上淳子・菅野佐織・宮澤薫編著), ミネルヴァ書房.

［7］ アーサーアンダーセンビジネスコンサルティング(1999):『ナレッジマネジメント－実践のためのベストプラクティス－』, 東洋経済新報社.

［8］ Funk, J.L. (2006):「脱コモディティ化と新規産業の創出」,『一橋ビジネスレビュー』, Vol.53, No.4, pp.26-37, 東洋経済新報社.

［9］ 青木昌彦・安藤晴彦(2002):『モジュール化－新しい産業アーキテクチャの本質－』, 東洋経済新報社.

［10］ 榊原清則・香山晋編著(2006):『イノベーションと競争優位－コモディティ化するデジタル機器－』, NTT出版.

［11］ 上野正樹(2006):「モジュラー型製品の二面性－PC産業における製品差異化の戦略－」,『一橋ビジネスレビュー』, Vol.53, No.4, pp.52-65, 東洋経済新報社.

第2章
イノベーション再考

　脱コモディティ化および事業の高付加価値化の最も重要なキーワードの一つとして「イノベーション」が挙げられます．イノベーションとは経営要素の新結合を指し，技術開発分野における新結合，生産分野における新結合など，企業のバリューチェーンにおいてどこにでも新結合が生まれうる領域があります．

　しかしながら，昨今の競争戦略では，新結合であれば，なんでもイノベーションになるとは限らないという主張が多く登場するようになりました．その象徴的な主張は，「技術進歩が必ずしもイノベーションを意味するというわけではない」というものです[1]．この立場から見ると，既存のパフォーマンス次元上（既存の尺度・物差し）での技術進歩は本質的にイノベーションとはいいません．たとえば，すでに自動車市場における争点として存在する「燃費」を例に挙げると，これを向上させるためにどれだけ革新的な技術が投入されていたとしても，「燃費」という既存の尺度・物差しの上でのスペック向上であるかぎりは，イノベーションとはいわないのです．

　イノベーションとは，「パフォーマンスの次元を変えること[2]」，「社会に広く定着している価値次元を新しいものへと転換すること[1]」，「新しい価値の発見や価値の再定義によって価値次元そのものを転換すること[3]」，「これまで支配的だった価値を再定義し，新しい価値次元へと乗り換えることによって，既存の価値次元上での競争を無意味にして，新し

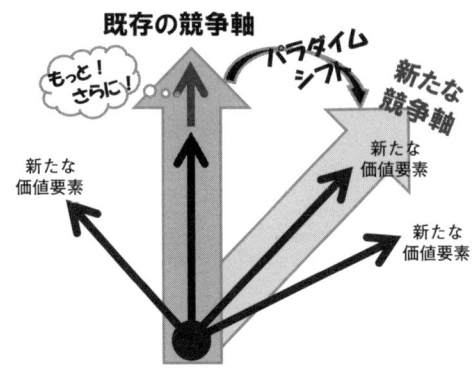

図 2.1 「価値次元」という言葉に込められた意味合い

い市場を創造すること[4]」など，これまで支配的だった価値次元に替わる新しい価値次元を見出すことをいいます．

　ここで，単なる「価値の創造」ではなく，「価値次元の創造」と強調している点にご注目ください．新規市場でないかぎり，その市場において勝ち負けを分かつ争点というものが必ず存在します．ここでいう「争点」とは，「市場における勝ち負けを分かつ決定的な競争軸」という意味です[5]．単に「価値の創造」という場合，既存の争点を「もっと，さらに高く実現する」といった，「もっと」，「さらに」という視点も含まれます．本章ではこのような価値創造をイノベーションとはいわないことは前述したとおりです．一方，「価値次元の創造」という場合は，既存の尺度・物差しとは異なる争点を新たに編み出すことを指します．そして，市場における勝ち負けの主軸を，その新たな争点にシフトさせることを「パラダイムシフト」といいます(**図 2.1**)．

　いくつか例を挙げて考えてみましょう．イノベーション論でよく取り上げられる事例の一つに，ゴルフクラブのケースがあります[6]．当時のゴルフクラブメーカー各社は，「いかにボールを遠くに飛ばすか」を争点にして製品開発競争を繰り広げてきました．そのような中，フォージドコンポジット製法という独自技術を保有するキャロウェイゴルフは，当該技術

第2章　イノベーション再考

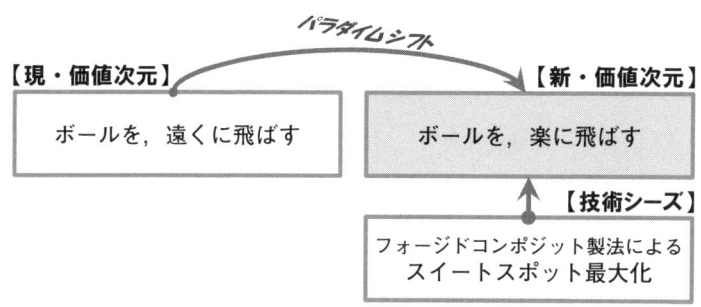

図 2.2　ゴルフクラブ市場における価値次元の転換

によるゴルフクラブのスイートスポットの広さに着目して「ボールを楽に飛ばす」という新たな価値次元を打ち立てたのです．まもなくしてベストセラーになった同製品は，技術革新に裏打ちされた既存の価値次元の転換という点でイノベーションの好例といわれています（**図 2.2**）．

もし，同社がフォージドコンポジット製法を「もっと遠くに飛ばす技術」として位置付けていたなら，イノベーションとはいえません．「ボールを遠くに飛ばす」という価値次元はすでに存在しており，当該技術の意義は，この次元上で達成水準を向上させるスペックアップに過ぎないからです．繰り返しになりますが，どれだけ革新的な技術を持っていても，既存の競争軸のスペックアップとして位置付けたならば，イノベーションとはいわないのです（**図 2.3**）．

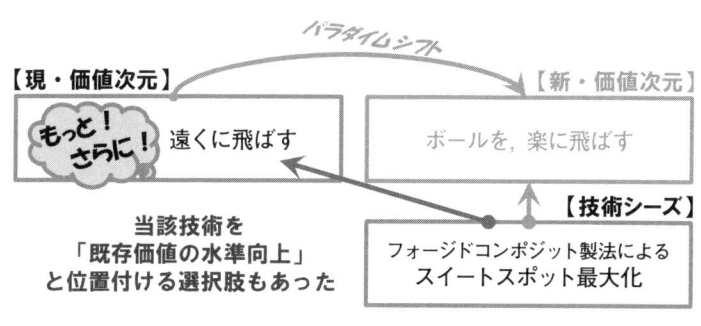

図 2.3　もう一つの選択肢

9

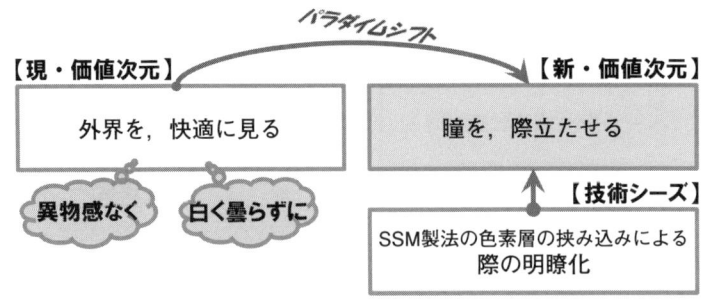

図 2.4　コンタクトレンズ市場における価値次元の創造

　次の事例を見てみましょう．さきほどのゴルフクラブの事例は，現価値次元と新価値次元はともに「ボールを，飛ばす」という点で変わりません．英文法第 3 文型の目的語と他動詞の組み合わせは変わりません．「どのように飛ばすか」という副詞句を新たに創造したといえる事例でした．

　次のコンタクトレンズのケースは，これまでとは異質な価値次元を打ち立てたケースです．それまでのコンタクトレンズ市場では「コンタクトレンズ装着者から見た外界の見え方」で各社が競争を繰り広げていました．「異物感がない（目がゴロゴロしない）」，「装着時間が長くなっても目が酸欠しない（夕方になっても視界が白く曇らない）」などが主要な競争軸（争点）でした．酸素透過率の大きさで競っていた時代があったことをご記憶の方も多いのではないでしょうか．

　そのような中，ジョンソン・エンド・ジョンソンのアキュビュー・ブランドは，「他者が自分をどう見るか」という新たな価値次元を市場に提案しました．「ワンデー　アキュビュー　ディファイン」という新たな製品ラインの登場です．これまでの「装着者本人が外界をどう見るか」という価値次元とは大きく異なる新たな価値次元です（図 2.4）．黒目を綺麗に映し出す新製品の登場は，低価格化の傾向にあった当時のコンタクトレンズ市場において，価格下落を抑制しました．そして，同社のアキュビュー・ブランド全体の市場シェアが大幅に上昇することに貢献しました．

　この製品の登場は，価格下落基調にあったコンタクトレンズ市場におい

第 2 章 イノベーション再考

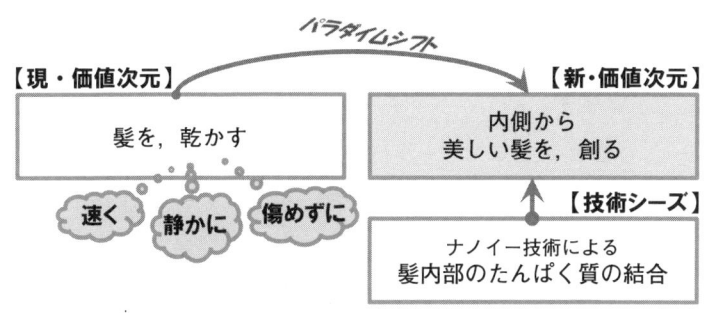

図 2.5　ヘアドライヤ市場における価値次元の転換

て価格対抗力を高め，同社の市場シェアを上げることに貢献したといわれています．ただし，当該製品はコンタクトレンズ市場全体の争点を転換したのかといえばそうではありません．あくまで「そういう争点で銘柄を選ぶ人を市場の一部に生み出した」という話です．市場における勝ち負けを分かつルールを変えたという完全な「パラダイムシフト」のレベルに至ったケースとはいえません．

　最後に，新たに打ち立てた価値次元で市場全体の争点をパラダイムシフトした象徴的なヘアドライヤ事例をご紹介します．これまでのドライヤは文字どおり「髪を，乾かす」ための道具でした．「髪を」という目的語と，「乾かす」という他動詞はそのままに，「いかに早く」，「いかに傷めずに」，「いかに静かに」という副詞句の競争を長年にわたって繰り広げてきた市場です．そこへ，ナノイーと呼ばれる独自技術を保有するパナソニックは，「内側から美しい髪を創る」という全く新しい価値次元を提案しました[7]．既存の価値次元に着目して「髪をさらに傷めずに乾かす」という価値訴求もありえた中，同社は全く新しい価値次元を打ち立てたのです．その結果，平均売価 3,000 円程度のヘアドライヤ市場において，20,000 円近くの売価を維持することに成功しました．さらに，業務用を除くドライヤ市場において 6 割超の市場シェアを獲得するに至りました．このケースはまさに，新たな価値次元を創造するに留まらず，市場における争点をその価値次元に移し替えてのけた，まさに象徴的好例といえるでしょう（**図 2.5**）．

いくつか事例を見てきたとおり，どれだけ革新的な要素技術を保有していたとしても，その技術の活かし方が「すでに市場に存在する価値次元の達成水準を上げるもの」という場合，厳密にはそれをイノベーションとはいいません．「技術革新≠イノベーション」なのです．イノベーションとは新しい価値を顧客，市場，そして社会にもたらすことです．技術革新に裏打ちされた新しい価値次元の創造こそ，イノベーションなのです．技術経営の本質は，価格以外の争点を新たに創出すべく，企業が保有する独自技術がもたらす新たな価値次元によって既存の競争軸を転換することだと考えています．

[参考文献]

[1] 楠木建(2011)：「イノベーションとマーケティング－価値次元の可視性と価値創造の論理－」，『季刊マーケティングジャーナル』，VoL.30, No.3, pp.50-66, 日本マーケティング協会．

[2] Drucker, P.F. (1985)：*Innovation and Entrepreneurship*, Harper Business.

[3] Christensen, C.M. and M. E. Raynor (2003)：*The Innovator's Solution*, Harvard Business School Press.

[4] Kim, C.W. and R. Mauborgne (1999)："Strategy, Value Innovation and the Knowledge Economy," *Sloan Management Review*, Vol.40, No.3, pp.41-54, MIT Sloan Management.

[5] 楠木建(2010)：「ストーリーとしての競争戦略－優れた戦略の条件－」，東洋経済新報社．

[6] 楠木建・阿久津聡(2006)：「カテゴリ・イノベーション」，『組織科学』，Vol.39, No.3, pp.4-18, 白桃書房．

[7] 山内俊幸(2011)：「ヘアケア効果を革新した帯電微粒子水(nanoe)デバイスイノベーションと応用」，『クオリティフォーラム2011 報文集』，pp.217-227, 日本科学技術連盟．

第3章
イノベーションを阻む原因
─差別化すべき対象は何か─

　イノベーションの本質は,「新たな価値次元への転換」です.しかし,そのためには克服しなければならないことがあるようです.現状の企画・開発はどのような点に立脚して行われているのでしょうか.第1章で紹介した組織実態アンケートの実務家の方々の回答を見てみましょう.目立つ回答として次のようなものがあります(**表3.1**).

表3.1 「改良型」の製品開発

- 日本の企業の得意とすることは,既存技術を改良して安くて良いものをつくることだ
- 製品開発を行う際,改良開発の繰り返しを基本としている
- 自動化や効率化,便利にするといった,従来あるものの性能を上げていくことに価値を置いている
- 現行の売れた製品の改善や機能アップを続けているだけの製品開発をする
- マイナーチェンジの域を出ない製品づくりに終始している
- 既存製品の改良版や原価低減版の製品化を基本とし,特徴的なデザインを避け,つくりやすさを重視している
- 日本は,製品機能を追求することへの強いこだわりがある
- 製品の改善や新機能付加などに関する想像力は突出したものを持っている

　いうまでもないことですが,改良によるスペック向上は悪いことではありません.たとえば,自動車における「燃費(燃料消費率)」は,自動車メーカー各社によって,目覚ましい向上を遂げています.極端にいえば,エネルギー入力なしで自走できるようになるまでスペック向上の取組みは続

くことでしょう．燃費という争点は，自動車を評価する尺度・物差しとしてまだまだ健在だと思われます．改良型製品は，既存の尺度・物差しに対してある程度の水準までは有効です．既存の尺度・物差しに対する達成水準の向上がそのまま競争力に直結する分野は，ナノテクノロジー材料や電子部品を中心に確実に存在します[1]．しかし，その一方で，ある水準以上になると顧客が評価できなくなる尺度・物差しもあります．コンタクトレンズの装用感（酸素透過率），デジタルカメラの解像度（画素数）など，挙げ始めたらキリがありません．製品の性能が顧客の求める水準を追い越す問題は「過剰品質」あるいは「オーバーシュート」と呼ばれており[2]，多くの実務家がこの問題を指摘しています（**表 3.2**）．

表 3.2　過剰品質・オーバーシュートの問題

- ハイスペックや多機能を追求しすぎるとユーザーには体感できなくなる
- 技術優位でプロダクトアウトになり，顧客の求める価値に目を向けることなく製品を世に送り込んでしまう
- 消費者の認識能力を超えたオーバースペック商品は顧客が求める価値につながらない
- 「ものづくりの高度化」に邁進し過ぎた結果，顧客が真に求めるものではない高機能商品を開発してしまう
- 機能を搭載しすぎて過剰スペックになるなど，最適な機能を提案できていない

　オーバーシュートは，顧客にとって対価を支払う対象になりません．そうであるにもかかわらず，製品の性能向上に伴うコストが製品価格に転嫁されれば，価格以上の価値を顧客が見出すことができず，製品の魅力のなさが結果として収益を下げることになります[3]．良いモノづくりにこだわりすぎて，顧客ニーズを十分捉えきれていないことを私たちは強く認識する必要があるのです[4]．コモディティ化は，オーバーシュートによる過剰性能（過剰満足）の発生を契機として始まるといわれています[5]．待ち受けているのはほかでもない「価格競争」です[6]．

　オーバーシュートの問題を引き起こす原因として筆者が気にしていることは，製造業における「過度なモノ志向」です．どうしてもモノで何とかしてしまおうとするのは，モノづくり立国日本の悲しいサガなのでしょう

か．製造業である以上，モノを重視するのは至極当然なのですが，モノ偏重はいただけません．モノを通じて，顧客が得る価値は何かという点を大事にしたいところです．顧客にどのようなコトを実現してほしいかということを徹底的に考えれば，特定一つのモノだけでは事足りず，顧客の行動をサポートするサービスなどの無形財との組み合わせが自ずと必要になるのですが，現状は「良いモノは売れるはず」というつくり手の思い込みに縛られている印象を否めない企業が決して少なくないようです（表3.3）．

表3.3　モノ偏重への懸念 –"差別化＝性能差"という暗黙的前提–

- 顧客との関わりがハードのみで，ソフト面も含めた持続的な利益追求ができていない
- モノを中心とした技術開発に注力してしまっている
- 「機器を売って終わり」になっており，販売後まで手をかけたくないという考えがある
- 商品は売っておしまいだと考えていて，いわゆる「モノ売り」の意識が強い
- モノ基点の考え方，QCDを満足すれば売れると考えている
- モノからコトへの発想の転換ができない
- 自社製品を手にしたユーザーがどんな行動をするのかということを描けていない
- モノづくりにこだわりすぎて，モノの差別化しか行わず，差別化要素の少ない成熟市場で魅力的な価値を提示できない
- サービスまで含めたビジネス視点にしなければ，市場の変化に対応できない
- 日本のモノづくりはハードが中心で，ソフトを含めたビジネスモデルの発想に弱い
- モノづくり現場には，必要以上に「機能」に対してこだわりを持つ技術者が多い
- 性能競争で勝っても売れる商品にならない
- 微小な性能差の追求に多くの時間をかけすぎて，いたずらに開発期間が延びている
- 商品のスペックシートを競合と対比し，全ての項目で"○"を取ろうとする風潮がある

「差別化」という視点は，昔も今も，そしてこれからも重要です．これに異論を唱える方はいないでしょう．ただし，差別化すべきは製品ハードの性能差・仕様差なのでしょうか？　優れた性能・仕様が新たな価値次元を創造するというのなら話は別です．しかし，改良型の製品開発というのは，すでに市場に存在する品質要素に着目して，その達成レベルを高めるというQCD向上の取組みが中心です[7]．市場における既存の尺度・物差しを前提にしていることから，改良型の製品開発に「価値次元」という新たな尺度・物差しの創造を期待することはできません．かつての時代に私たち製造業は，モノのQCD向上で世界最高の国際競争力を手にしました．

しかし，今日台頭する新興国企業が猛烈な勢いでキャッチアップしてきています．製品ハードを差別化することによって一時的にコモディティ化に対抗することはできますが，その効果は長続きしません[8]．つまり，改良型アプローチだけでグローバル競争を勝ち抜くことは困難なのです．改良型の製品開発だけで生き残れる時代は終焉を迎えつつあるといえるでしょう．「コモディティ化の問題は，過去の成功体験に囚われた製造業が自ら引き起こした」といういい方すらありえるのです(**図3.1**)．

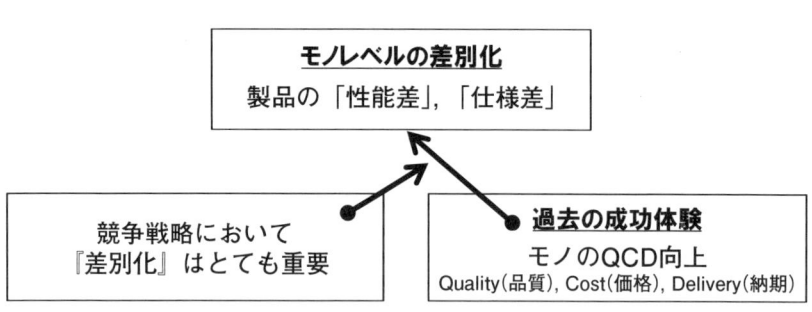

図3.1　われわれは『差別化』の対象を何に置いているか

今日の潮流としては，「従来モデルを練磨することによって勝つ」という競争力モデルから，「新規モデルへの移行によって勝つ」という競争力モデルへと移行しつつあります[9]．日本の技術はモノ偏重ですが，近年は製品ハード以上にソフトが重要な差別化ポイントとなっています[10]．

前章で述べたイノベーション定義に即して，これまでの差別化の考え方をこれからの時代に相応しい差別化の考え方に改める必要があると筆者は考えます．つまり，「既存の価値次元上で競合他社の上を行く差別化から，既存の価値次元を刷新する差別化を志向すること」が重要です．これまでの差別化は，既存の価値次元上でもっと上の達成水準を目指すというQCDの競争が中心だったと思われます．要するに「より良い品質を，より安く，より早く」です．これからの時代に差別化すべきは，「製品性能・仕様」ではなく，「価値次元」です．競合他社の追従を許さない差別

第3章 イノベーションを阻む原因―差別化すべき対象は何か―

性のある価値次元を打ち立てることが極めて重要になります．「打ち立てた価値次元を高度に実現すべく，モノとサービスを組み合わせていく．つまり製品ハード単品で戦うのではなく，製品ハードとソフトの組み合わせで，市場の争点を刷新すべく新たな価値次元を打ち立てる」という価値観に改めることが，第1章で述べた負の連鎖から脱却する鍵といえます[11]．この価値観をもって実践すれば，自ずと「サービス・イノベーション」や「製造業のサービス化」を可能にするのです（**図3.2**）．

―これまで―	―これから―
製品仕様の差別化	**価値次元の差別化**
既存価値次元上で 競合他社の上を行く差別化	既存の価値次元を 新価値次元に刷新する差別化

図3.2　これからの時代に相応しい「差別化の対象」

　本章を整理します．改良型の製品開発は依然として今後も必要です．ただし，オーバーシュートする前に次の新たな価値次元を創造することが重要です．「新たな価値次元を創造し，その価値次元の達成水準の向上を目指す．そして，当該価値次元がオーバーシュートする前に次の新たな価値次元を創造する」という，価値次元創造と改良の循環が求められるのです．その際，モノ単品で考えるのではなく，製品とサービスを組み合わせて価値次元の創造と改良の好循環を目指すことが求められます（**図3.3**）．

〈価値次元創造型の製品・サービス開発〉	〈改良型の製品・サービス開発〉
市場における既存の争点を刷新すべく 新たな価値次元を打ち出す製品・サービス開発	左記の価値次元における QCDの達成水準を高める製品・サービス開発

図3.3　「価値次元創造型」と「改良型」の製品・サービス開発の循環

[参考文献]

［1］ 文部科学省(2008)：『科学技術白書〈平成20年版〉国際的大競争の嵐を越える科学技術の在り方』，日経印刷．

［2］ Christensen, C.M. and M.E.Raynor (2003)：*The Innovator's Solution*, Harvard Business School Press.

［3］ 池尾恭一(2010)：「過剰性能とマーケティング戦略」，『マーケティングジャーナル』，Vol.30, No.1, pp.69-82，日本マーケティング協会．

［4］ 小原一樹(2009)：「新興国事業戦略における「3C」の考え方―日本企業のモノづくり偏重から市場起点のマネジメントへの転換(特集　グローバル戦略の要となる「日本流」)」，『知的資産創造』，Vol.17, No.7, pp.20-29，野村総合研究所．

［5］ 青木幸弘(2011)：『価値共創時代のブランド戦略－脱コモディティ化への挑戦－』，ミネルヴァ書房．

［7］ 細谷克也(1989)：『QC的問題解決法』，日科技連出版社．

［8］ D'aveni, R.A. (2010)：*Beating the commodity trap*, Harvard Business School Press.

［9］ 妹尾堅一郎(2009)：『技術力で勝る日本が，なぜ事業で負けるのか－画期的な新製品が惨敗する理由－』，ダイヤモンド社．

［10］ 増田貴司(2009)：「技術万能主義・ハード偏重の呪縛」，『三友新聞』，2009-6-4，三友新聞社．

［11］ 東利一(2013)：「新たな需要を創造するコト・マーケティング：未来起点の顧客対応」，『季刊マーケティングジャーナル』，Vol.32, No.3, pp.33-45，日本マーケティング協会．

第4章
目標創造力を高める新たな思考技術の必要性

「新たな価値次元の創造」という観点は，TQM（Total Quality Management）に新たな方法論の確立を要請するものだと思われます．価値次元創造を「問題解決」の枠組みに即していい換えてみましょう．TQMにおいて問題とは，「あるべき姿(すでに在る目標)」と「現状」のギャップとして定義されます．そして，両者のギャップを生む原因を特定し，対策を講じることを問題解決といいます（**図 4.1**）[1]．

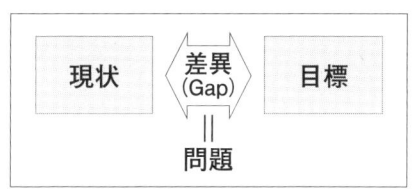

図 4.1　問題解決の基本的枠組み

一般的な問題解決には，達成すべき目標がすでに在ります．たとえば，生産部門における不良率，営業部門における顧客訪問件数，開発部門における年間開発件数，コールセンターにおける受電率など，どの部門にも達成すべき目標というものが多かれ少なかれ存在します．問題解決の事の始まりは，すでに在る目標に対して未達の現状に着眼するところからです．

つまり，起点は「現状」です．実際，問題解決型 QC ストーリーの教科書には「いまの仕事のダメさ加減の定量的把握からスタートする」と書かれています．一方，本書が提唱する理想追求型 QC ストーリーは，「初めに既存目標ありき」という立場ではなく，「真に達成すべき目標は何か」という目標起点の立場を取ります．検討の結果，「すでに在る目標の達成こそが重要だ」ということになれば，それはそれで良し．ただし，本当に達成すべき目標が既存目標群には存在しない場合，新たな目標を創造することになります．いずれにせよ，初めから既存目標ありきではありません．起点は「現状」ではなく，「目標」なのです（**図 4.2**）．

　もうすこし詳しく見てみましょう．一般的な問題解決の取組みは，「あるべき姿（既存目標）の確認→現状の把握→ギャップを生む原因の解析→解決策の立案→実施と効果の把握→標準化・水平展開」という流れになります[2][3][4]．ここで，初動が「（すでに在る）目標の確認」になっていることに注目してください．一方，本書のアプローチを強調していうなら，「既存目標の確認」ではなく，「新規目標の創造」です．いかに真の目標を生み出すかというところに重きを置きます（**図 4.3**）．

　目標を創造するには，そのための拠り所が必要です．何を根拠に新たな目標を生むかという「創造の源」が必要になります．かつての時代，目標設定の拠り所は，「競合」あるいは「顧客」にありました[5][6][7]．ベンチマーキングやベストプラクティスなど他社の分析を通じて，あるいは，VOC（Voice of Customer：顧客の声）に耳を傾けることを通じて，「自社は何をすべきか」という目標が設定されました．

　しかし，今日の競争環境において，競合分析と顧客分析はその取り扱いを誤ると価格競争が一層深刻化する恐れがあります．過度なベンチマーキング，ベストプラクティスは，やればやるほど検討対象に対して同質化していきます[6][8][9]．VOC の取り扱いについても同様です．顧客に答えを求め，顧客の声を真に受けて製品化しようとすれば，競合他社も同様のアプローチを取っている場合が多いだけに，蓋を開けて見たら市場に類似商品が溢れる事態を招きます[10][11]．またしても同質化です．同質化，つま

第4章　目標創造力を高める新たな思考技術の必要性

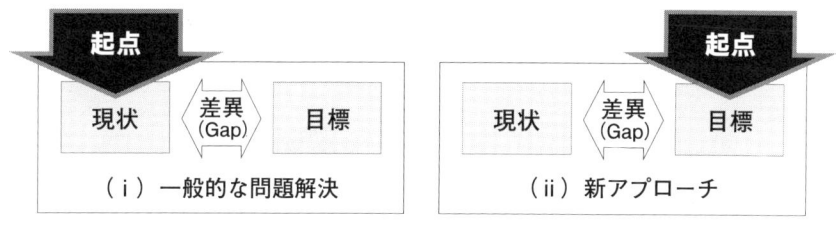

図 4.2　一般的な問題解決と新アプローチの違い

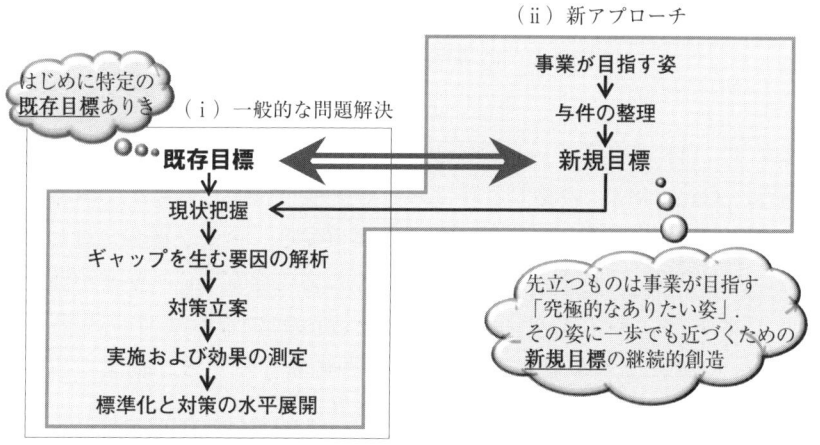

図 4.3　一般的な問題解決と新アプローチの違い(詳細版)

り製品・サービスのコモディティ化の先にあるものは，価格競争です．

　このことは 3C 分析の順番に意識することの重要性を示唆しています．競争戦略を組み立てる際に欠かすことのできない 3C 分析において，3つの C の検討の順番を "Competitor" あるいは "Customer" から安易に出発させることに警鐘を鳴らしているといえます(**図 4.4**)．

　筆者がこれまでに様々な企業とご一緒させていただいた経験の中で，特に残念に思うパターンを2つ紹介します．

　一つは，競合分析(Competitor)を起点として，競合と自社の優劣比較を行い，その結果をふまえ顧客価値を定めるパターンです(図 4.4 のパターン1)．このパターンは，競合と比較可能な項目でしか自社を評価でき

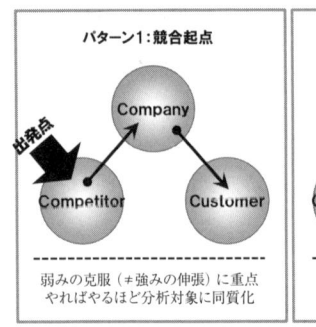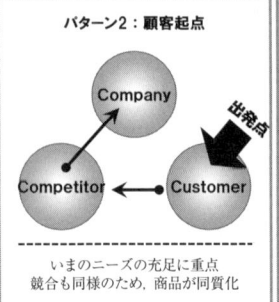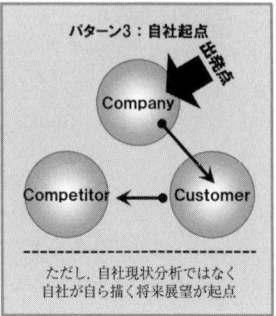

図 4.4　3C 分析を巡る起点の功罪

なくなり，自社の良さを自らみすみす見逃す恐れがあります．
　「Will・Can・Must の輪」と呼ばれる枠組み[12]に即して考えてみましょう．本章の趣旨に即してこの枠組みを捉え直すと，企業が顧客に対してやりたいこと(Will)，企業が顧客に対してやれること(Can)，企業が顧客に対して本来的にやる必要性があること(Must)になります．提唱者の Drucker によれば，本来的にはこれら 3 つの重なる領域が企業の取るべき行動となり，3 つの輪が重なる領域は大きければ大きいほど良いとされています(**図 4.5**)．
　しかし，競合分析を起点とするパターンは「自社が顧客に対してやりたいこと(Will)」，「自社が顧客に対して本来的にやる必要性があること(Must)」よりも，競合他社との比較を通じてわかった自社の優位性をもとに「自社が顧客に対してやれること(Can)」が企業が取る行動に大きく影響することが容易に推察されます．つまり，顧客から見て「顧客にとって本当に実現したいこと」の本質からズレた顧客価値設定がなされる危険性が高くなるのです．
　実際の競合分析には，自社の固有性を見い出すために，似て非なる比較対象を意図的に設けて自らの特徴抽出の精度を高めるという先進的な取組みも実際に存在するのですが，主流としては「自らの弱みを克服すべく，うまくやっている他社から克服のポイントを学ぶ」という狙いで実施され

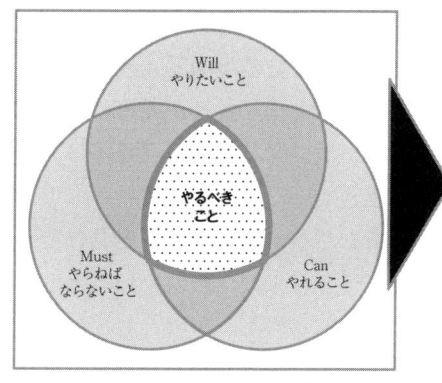

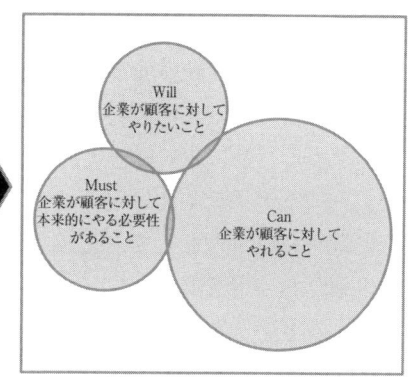

第 4 章　目標創造力を高める新たな思考技術の必要性

（ⅰ）Will・Can・Must の輪　　　（ⅱ）競合分析起点の不具合

図 4.5　「Will・Can・Must の輪」から見た競合分析起点の不具合

る場合が多いようです[6][13]．つまり，「強みを磨く」というより，「弱みを克服する」という印象です．このアプローチによって他社にキャッチアップすることができたとしても，競合とは一線を画す独自の価値次元を打ち立てることはできません．やればやるほど，分析対象に似ていくという同質化を招きます．第三者から見れば，「みんなが上手になっていくのだから，良いことじゃないか」ともいえるのですが，このアプローチは下手をすると完全競争へと自ら突き進むことになりかねません．

もう一つの残念なパターンは，顧客の声を真に受けて大小様々な顧客ニーズをかき集め，それらニーズに優先順位を付けた後に競合と自社がプロットされたポジショニングマップを描き，今後の自社の立ち位置を定めるというパターンです（図 4.4 のパターン 2）．

その最大の問題は，顧客の声に答えを求めてしまっていることです．新商品開発の失敗リスクを抑えたいのはわかります．需要規模が大きいニーズを捉えたい気持ちもわかります．しかし，顧客に対して対象商品カテゴリについて「あなたが求めることは何ですか？」と訊いたところで，顧客が言及できるのは，「いまの過ごし方」，「いまの生活」，「いまの業務プロセス」を前提にした「いまのニーズ」がほとんどです．多くの場合，「将

来のニーズ」は顧客自身もわからないのです．「答えは顧客が持っている」という立場を取り続ける限り，ネット調査など今日の市場調査技術の発展によって他社もみな同じ答えを持つことになります．各社が顧客の声に答えを求める行為に走れば，その結果は市場が類似商品で溢れ返るのは当然です．コモディティ化は起こるべくして起きているといえます．

先進的な取組みとして，当該事業の将来を左右する重要顧客と共に今後の自分たちの事業環境を見通して，実現すべき将来のニーズを仮説として抽出するといったケースも確かに存在します．しかし，主流としては「いまのニーズ」を把握し，それらを充足することに重きを置く傾向があります[7][14]．つまり，「直近のCS(Customer Satisfaction：顧客満足)」を重視し，「将来のCD(Customer Delight：顧客歓喜)」にふみ込めていないという印象です．このことを筆者が大学の授業で話す時は，日常的な話に置き換えて，「付き合って長いカップルが誕生日プレゼント選びに失敗したくないがために，相手に何が欲しいかと直接訊いた．"じゃあ，ぬいぐるみかなぁ"という相手の返答を真に受けて，そのままぬいぐるみをプレゼントした場合，そこに感動はあるのか!?」という話をしています(図4.6)．「顧客の声に耳を傾ける」というと聞こえはいいのですが，実際の企業の現場を見ているとマーケット・インという言葉を「顧客の声に耳を傾ける＝新製品・サービスアイディアを顧客に直接的に訊く」と誤認している実務家が少なくありません．

競合分析や顧客分析を上手に行っている企業はもちろん少なくありません．しかし，コモディティ化や価格競争といった問題に直面している企業ほど，上記の残念な競合分析あるいは顧客分析によって同質化に向かっている印象を受けます．理想追求型QCストーリーを考案するに至った筆者の動機には，「過度な競合分析」と「安易な顧客崇拝」からの脱却という隠れスローガンがあります．その狙いは，いうまでもなく，市場における同質化の回避です．競合分析起点(Competitor)あるいは顧客分析起点(Customer)のいずれも，「答えはすでに在る」という前提のもとで，競合あるいは顧客に答えを訊きに行っているようにしか映りません[7][15]．他

図 4.6　相手の声を真に受けたプレゼントに感動はあるのか!?

者に答えを訊きに行く行為の先に，自社独自の価値次元が創造されるとはとても思えません．いろいろな反論はあろうかと思いますが，これまでに様々な企業とご一緒させていただいた筆者の率直な意見です．

　誤解しないでいただきたいのですが，競合分析や顧客分析を無用だというつもりは毛頭ありません．自らを人並みのレベルに引き上げるための最低限のベンチマーキングやベストプラクティスはむしろ必要だと思っています．これらに頼りすぎて同質化に向かうのがダメだと申し上げているのです．過度な競合分析は自らの首を絞めてしまいます．また，顧客分析についても同様です．頭ごなしに無用論を振りかざしているのではありません．顧客の声を無視しろというつもりは全くありません．B2Cの場合，顧客はいま，どういう生活の状況なのか．どういうライフスタイルなのか．生活の実態はどうか．B2Bの場合，顧客はどういう業務状況なのか．顧客の業務プロセスはどうなっているか．顧客はどういう競争環境にあるのか．そういった顧客の実態を知ることはいうまでもなく重要です．筆者はあくまで，新製品・サービスのアイディアを顧客の声に直接的に求めてし

まうのがダメだ申し上げているのです.

　競合分析と顧客分析は依然として競争戦略に欠かすことはできません.筆者が問題にしているのは，その位置付けです．競合分析と顧客分析は一連の検討プロセスの出発点ではない．競合分析と顧客分析はあくまで打ち立てた仮説の妥当性を検証することに用いるべきだというのが筆者の立場です．つまり，競合分析や顧客分析は，あらかじめ新たな価値次元の仮説があったうえで，「仮説の妥当性検証」として用いるべきであって，「仮説の設計」のために用いるべきではないというのが筆者の考えです．理想追求型 QC ストーリーは「新規目標の創造」という仮説設計に重きを置いているため，筆者から見て仮説検証の性格を持つ競合と顧客の視点は理想追求型 QC ストーリーの一連のプロセスにあえて組み込んでいません．

　では，一連の検討プロセスの出発点は何か．理想追求型 QC ストーリーが重視するのは 3C 分析を構成する C のうち，残る最後の C (Company) です (図 4.4 のパターン 3)．ただし，それは自社の現状分析ということをいっているのではありません．ここでいう Company の検討は「分析」ではなく，「設計」です．当該事業の「現状分析」ではなく，「将来展望設計」です．企業が自ら思い描く将来展望こそ，目標創造の拠り所と考えます．事業が目指す究極的なありたい姿を出発点として，この姿を実現するための新たな目標を継続的に創造することが本書のアプローチの最大の特徴です (図 4.3 の (ⅱ))．「すべては，事業が目指す究極的なありたい姿を実現するために」という発想……理想追求型という命名の原点はここにあります．

　80 年代から 90 年代初頭にかけて，わが国製造業の国際競争力が世界最高水準に達した原動力として，弛まぬ持続的改善の取組みがありました．その中で，「現状を正確に把握する力」と「原因を究明する力」の向上に，TQM における QC 七つ道具を始めとする各種方法論の果たした役割が極めて大きかったことは周知の事実です[16]．

　しかし，第 2 章で述べた「新たな価値次元の創造」は，現状把握力と原因究明力だけで成し得るものではありません．これら 2 つの力は，達成す

べき目標があって初めて威力を発揮します．一方，新たな価値次元の創造とは，問題解決の枠組みに即して換言すると，「達成すべき目標は何か」を考えることであり，それはすなわち，新たな目標の創造といえます．

今日，現状把握力と原因究明力の2つの力だけで競争優位を確立できる可能性は徐々に狭まりつつあります．かつてと比較して不具合の程度は大方解消されています[17]．また，各社の技術水準向上によって市場における製品間の品質格差はますます小さくなっています[17][18]．このような背景から今日の経営学では，これまでのキャッチアップ型経営から，フロントランナー型経営に転換を図ることの必要性が説かれています[19]．ベンチマーキングやベストプラクティスに見られる「自分より前を走っているランナーがいる」という暗黙的な前提を見直すべき時代に入ったといえるでしょう．

いまや，わが国企業は追いかける存在ではなく，台頭する新興国企業に追いかけられる存在なのです[19][20]．既存の価値次元上で競合他社製品・

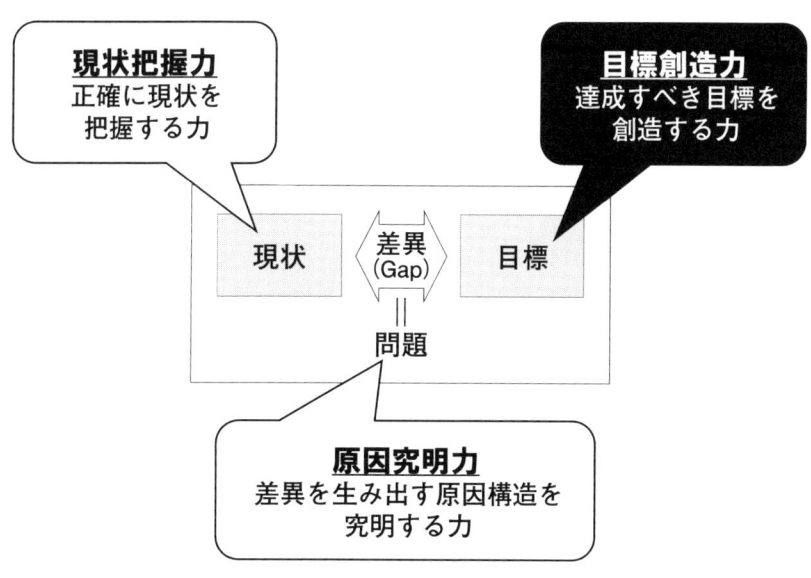

図4.7 目標創造力―これからの時代に必要な「第3の力」―

サービスとの仕様差に囚われた差別化を続けて，果たしてこのまま生きていけるのかどうか，私たちは真剣に考えなければなりません．本書が少しでも，これからの製造業が厳しい競争を勝ち抜く新たな一つの方向性を示すことができればと考えています．最大の強調点は，現状把握力と原因究明力に加え，新規目標を継続的に生み出す目標創造力の重要性です(**図 4.7**)．目標創造力の向上は，問題解決のさらなる高度化をもたらし，市場の先頭を走り続けるフロントランナーとしてのポジションを一層強化することに貢献することが大いに期待されます．

[参考文献]

［1］ 日本品質管理学会(2009)：『日本の品質を論ずるための品質管理用語85』，日本規格協会．
［2］ 杉浦忠(2002)：『ExcelとPowerPointを使った問題解決の実践』，日科技連出版社．
［3］ 日科技連問題解決研究部会(1985)：『TQCにおける問題解決法』，日科技連出版社．
［4］ 細島章(2012)：『よくわかる「問題解決」の本』，日刊工業新聞社．
［5］ Michael, P.E., H. Takeuchi and M. Sakakibara (2000)：*Can Japan Compete?*, Basic Books.
［6］ Camp, R.C. (1989)：*Benchmarking - The search for industry best practice that land to superior performance -*, ASQC Quality Press.
［7］ 藤川佳則(2006)：「脱コモディティ化のマーケティング：顧客の語れない潜在需要を掘り起こす」，『一橋ビジネスレビュー』，Vol.54, No4, pp.66-78，東洋経済新報社．
［8］ Moon, Y. (2010)：*Different - Escaping the competitive Herd -*, Crown Business.
［9］ D'aveni, R.A. (2010)：*Beating the commodity trap*, Harvard Business School Press.
［10］ 楠木建(2006)：「次元の見えない差別化－脱コモディティ化の戦略を考える(特

集　脱コモディティ戦略）-」,『一橋ビジネスレビュー』, Vol.54, No4, pp.6-24, 東洋経済新報社.
[11]　山口英彦(2010)：「非連続成長の事業革新モデル-『跳びの戦略』と『跳べる経営』-」, http://gce.globis.co.jp/column/view07_02.html.
[12]　Drucker, P.F. (1965)：*The Effective Executive*, Harper & Row.
[13]　Watson, G.H. (1992)：*The Benchmarking Workbook*, Productivity Press Inc.
[14]　日本能率協会コンサルティング(2002)：『仮説検証型マーケティング―ビジネス革新は顧客の「ひと言」から』, リックテレコム.
[15]　高梨智弘(2006)：『ベンチマーキング入門　新版ベンチマーキングとは何か-ベストプラクティスの追求とナレッジマネジメントの実現-』, 生産性出版.
[16]　TQM委員会(1998)：『TQM―21世紀の総合「質」経営』, 日科技連出版社.
[17]　恩藏直人(2007)：『コモディティ化市場のマーケティング論理』, 有斐閣.
[18]　伊藤宗彦(2005)：「デジタル機器産業における価格低下の要因分析：なぜ旺盛な需要下でコモディティ化が起こるのか？」,『国民経済雑誌』, Vol.192, No.3, pp.25-39, 神戸大学経済経営学会.
[19]　小宮山宏(2007)：『「課題先進国」日本-キャッチアップからフロントランナーへ-』, 中央公論新社.
[20]　Funk, J.L. (2006)：「脱コモディティ化と新規産業の創出」,『一橋ビジネスレビュー』, Vol.54, No4, pp.26-37, 東洋経済新報社.

第 II 部

理想追求型
QC ストーリーを用いた事例

　第 I 部では，新たな価値次元を創造することの重要性について解説しました．これを受けて，TQM の新たな方法論としてこれまでの「現状把握力」と「原因究明力」に関する方法論のほかに，新たに「目標創造力」を高める方法論が必要になることを述べました．この要請に応えるべく提案するのが理想追求型 QC ストーリーです．理想追求型 QC ストーリーの手続きは**図 1** のとおりです．理論的な解説は第 III 部で詳述することとして，まず事例をご覧ください．ここで紹介するのは，B2B 事例と B2C 事例の 2 つです．

```
事業が目指す姿の策定と共有
        ↓
リード・ユーザーの選定
        ↓
取引継続期間の設定
        ↓
取引継続期間を見通した外部環境分析
        ↓
共創プロセスの設定
        ↓
新規要求項目アイディアの導出
        ↓
組織内部の知識の集約
        ↓
新規要求品質アイディアの導出
        ↓
新製品・サービスの考案
        ↓
価値次元創造の可能性検討
```

図 1　理想追求型 QC ストーリーの手続き

第5章
B2B事例

　事例として取り上げるのは，部門横断型の取組みによって事業の高付加価値化を目指す電子機器メーカーA社です．同社の主力製品である直流安定化電源は，医療分野のメディカルCTや工作機器分野の部品実装機など，産業機器を中心に利用されているほか，携帯電話基地局や大型スタジアムのLED表示機といった大規模設備にも利用されるなど，電力の直流安定化に関わる幅広い製品を展開しています．同社は汎用型の直流安定化電源分野で国内の市場シェアでトップクラスを誇るなど業界を牽引する存在ですが，昨今では新興国メーカーの台頭によって価格競争が激化し，市場全体として製品価格は下落基調にありました．各社の技術水準の向上によって，製品ハードに立脚した価値創造の取組みだけでは市場全体のコモディティ化を回避することが徐々に難しくなってきました．そこで同社メンバーは，電源事業を高付加価値化する新たな方向性を見い出すべく，理想追求型QCストーリーを用いて検討を行いました．

■ステップ1：事業が目指す姿の策定と共有

　理想追求型QCストーリーの事始めは，事業が目指す姿を事業コンセプトとして描くことです．検討に際して，A社検討チームは昨今のモノづくりの世界的潮流に着目しました．たとえば電気自動車メーカーのテスラ

> **機能の組織化による知的生産社会の進化**
>
> 　私たちが見据える知的生産社会，それはグローバルに散在する高い専門性を持った人びとが，魅力的な構想のもとに集い，優れた製品・サービスを生み出していく世界です．構想のもとに創られた製品・サービスを高度に結びつけることで，単独では成し得ない新しい機能が実現し，私たちの使命「機能の組織化」が具現化されていきます．
> 　私たちが培ってきたアナログ技術は，デジタル技術との融合による「知能を持ったパワーエレクトロニクス技術」としてあらゆる製品・サービスを繋ぐシステムを創り出し，新しい価値創造の可能性を切り拓いていきます．私たちは，機能の組織化を具現化し，お客様と共に「知的生産社会の進化」を実現していきます．

図 5.1　事業が目指す姿（事業コンセプト）

　モーターズの場合，製品構想をもとに世界中に散在する部材・機能を組み合わせた製品を実現しています．Apple も同様で，世界規模に散在する機能を組み合わせて製品を最適化しています．このように，グローバルな水平分業のサプライチェーンの進展は今後も揺るぎないといえそうです．

　A 社検討チームはこのような水平分業化の世界的潮流をふまえ，これからの直流安定化電源が「製品を構成する各モジュールの機能を有機的につなぎ合わせる」という新たな役割を担う可能性を大いに秘めていると判断しました．たとえば自動搬送機を例に挙げると，モータ，ブレーキ，バッテリーといった複数の機能を組み合わせて作られています．電源がこれらの機能間のバランスを調整するという新たな価値を顧客に提供できると考えたのです．**図 5.1** の事業コンセプトには，これからの電源の役割とは何かという問いの答えとして，「機能の組織化によってお客様の構想を実現する」という趣旨が表現されています．

■ステップ 2：リード・ユーザーの選定

　次に，事業コンセプトの趣旨に合致するリード・ユーザーを選定します．リード・ユーザーの概念については後述しますので，ここでは「事業コンセプトに記した内容に関して，他の誰よりも最前線で創意工夫しているユ

ーザー」としておきます．A社検討チームは，以下の選定理由をもとに，「ある電動バイクメーカーのベンチャー企業(以後，X社と呼ぶ)」をリード・ユーザーとして選定しました．X社は設計に専念したファブレス企業であり，各部品メーカーと協調した水平分業体制によって電動バイク(EVバイク)事業を推進しています．同社はいわば，製造業を取り巻く水平分業の世界的潮流の最前線にあるといえます．また，同社は今後，新興国を中心にさらなる市場拡大を計画しており，各国の実情に合った製品を生み出し，同時に高効率なオペレーションによってコスト優位性を築く必要があります．同社をリード・ユーザーとして定めることによって，今後の電源製品の在り方が見えてくることが期待されました．

〈リード・ユーザー選定理由〉
- A社事業コンセプトを具現化するうえで相応しい企業であること
- 「設計」に専念したファブレス企業であること
- 水平分業型モノづくりの急先鋒として位置付けられること
- EVを取り扱っており，A社製品の電源はその中核部品を担い得ること
- X社の事業戦略に関わることで，A社のさらなる新製品・サービスの発展が期待できること

■ステップ3：取引継続期間の設定

このあとのステップでの検討が近視眼的にならぬよう，先のリード・ユーザーに対して自社が何年にわたって関わり続けるのかを決めます．A社検討チームは「20年」と設定しました．X社のEVバイク事業の拡大に20年にわたって関わることで，自らが手がけるべき製品・サービスに気づくことができると考えたのです．

■ステップ4：取引継続期間を見通した外部環境分析

政治的要因（P＝Politics）	経済的要因（E＝Economics）
・石油資源の枯渇による価格の高騰 ・新興国を中心とした公社民営化に向けての積極的な技術・資金的支援 ・主要貿易国間の経済連携協定（EPA）／自由貿易協定（FTA）の拡大 ・新興国における社会インフラ事業の活発化 ・政府主導のEV入札競争の激化 ⇒ 量産期間短縮による早期市場投入が鍵	・新興国における「日常の足」としてのバイク需要の増加 ・技術的な参入障壁の低下に伴うEV関連部品サプライヤーの増加 ・技術向上に伴うEV関連部品の低価格化 ⇒ 様々なサプライヤーを利活用することによる品質のばらつきを調整する時間の短縮化が必要
社会的要因（S＝Society）	技術的要因（T＝Technology）
・地球環境保全に対する世界的な意識の高まりと取組みの拡がり ・CO_2に対する排出抑制意識の高まり ・新興国における労働者の郊外から都市部への通勤量の増加 ⇒ EV需要に対して早期に対応できることが必要	・水平分業で誰でも設計できる「メーカーズイノベーション時代」の到来 ・EVのコア部品（バッテリー，モータ，コントローラー）への技術集約とモジュール化 ・3Dプリンタ等の普及による汎用部品の少量カスタマイズ化の拡がり ⇒ 汎用部品のモデルチェンジの繰り返しと頻繁な製造中止に対応できることが必要

要するに
ポイントは何ですか？

今後拡大する電動バイク市場を見据えると，同社の競争優位を築くためには
「事業構想を実現する製品・サービスの素早い量産」 が必要

図5.2　取引継続期間を見通した外部環境分析

　今後，リード・ユーザーX社に起きることのうち，A社として着目すべき与件を整理します．ステップ3で定めた20年間を見通して，リード・ユーザーX社を取り巻く環境を，「政治的要因（P = Politics）」，「経済的要因（E = Economics）」，「社会的要因（S = Society）」，「技術的要因（T = Technology）」の4つの視点から**図5.2**のように整理しました．電動バイク市場は社会インフラが十分とはいえない新興国を中心に今後も拡大することが予想されます．その一方で，気候条件や路面状態が各国によって異なるために，各地域で稼動するバイクの仕様は大きく異なることが考えられました．検討の結果，「早期量産化（事業構想を実現する製品を素早く量産化すること）」がポイントとして抽出されました．

■ステップ5：共創プロセスの設定

　与件を踏まえ，リード・ユーザー X 社に対して A 社の関わり方を共創プロセスとして設定します．このステップは重要です．なぜなら，共創プロセスは「新製品・サービスアイディアを導出する際の思考範囲の設定」を意味するからです．逆のいい方をすると，設定の範囲外は新製品・サービスのアイディアを導出する対象範囲外になります．設定範囲外から新製品・サービスのアイディアが導出される可能性はゼロに近くなります．共創プロセスとは，いわば「自分たちの事業の守備範囲」を選手宣誓することです．自分たちの事業のアイデンティティを明示することといっても過言ではありません．A 社の共創プロセスとして「EV バイク市場拡大の構想を実現する製品を打ち出し，さらに構想を発展・拡大していく 20 年間」というテーマのもとで，まずは構想に必要な製品を素早く製品仕様に落し込むことで具現化し（第 1 期），そして，構想を確実なものとするために，万全なる品質保証制度を体系化し（第 2 期），その後，構想に入り込むステークホルダーを次々と増やしていくことによって，構想を発展・拡大していく（第 3 期）という 20 年に及ぶ全 3 期を設定しました（**図 5.3**）．

<テーマ>
EVバイク市場拡大の構想を実現する製品を打ち出し，
さらに構想を発展・拡大していく20年間

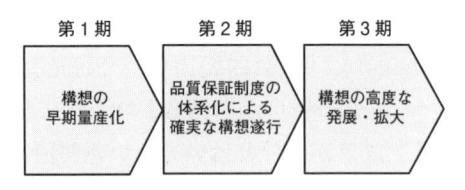

第1期	第2期	第3期
構想の早期量産化	品質保証制度の体系化による確実な構想遂行	構想の高度な発展・拡大

図 5.3　共創プロセス

第 5 章　B2B 事例

■ステップ6：新規要求項目アイディアの導出

　共創プロセスの各期ごとに，リード・ユーザー X 社が要望するであろうことを可能なかぎりリストアップします．これらはいわば「将来の潜在ニーズのアイディア」です．リストアップされた各要求項目に対して，「顧客から見た重要度」と「自社による実現可能性」，さらに「今後，多様なユーザーがニーズとして顕在化させる可能性（＝水平展開可能性）」という各観点から検討を行った結果，「サプライヤ選択の自由度を上げる」を重点要求項目として選定しました（**図 5.4**）．

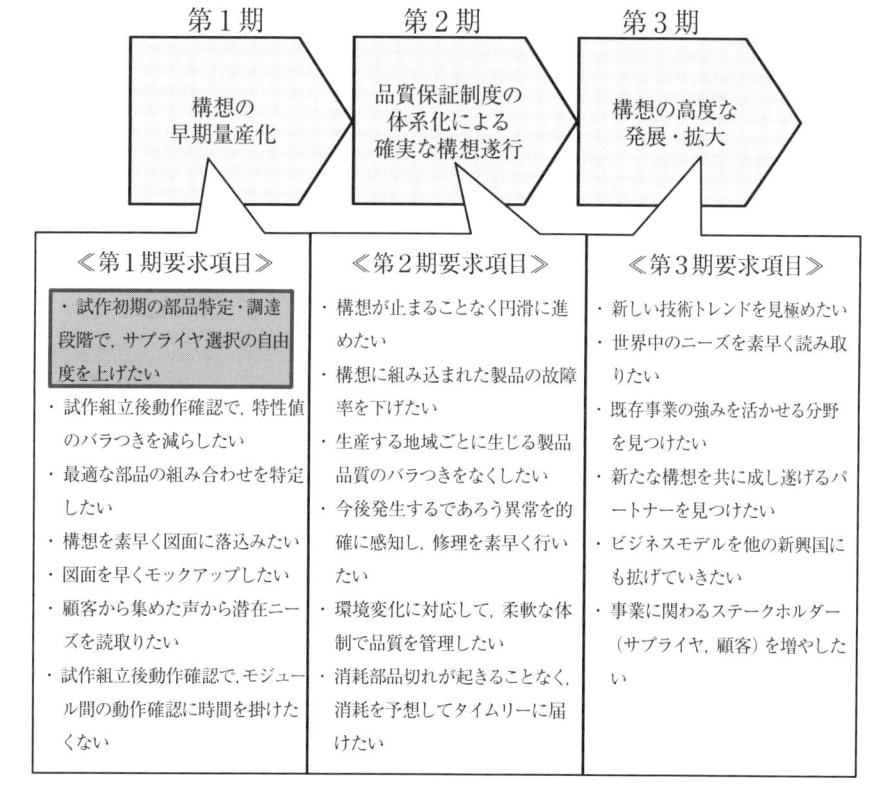

第1期	第2期	第3期
構想の早期量産化	品質保証制度の体系化による確実な構想遂行	構想の高度な発展・拡大
≪第1期要求項目≫	≪第2期要求項目≫	≪第3期要求項目≫
・試作初期の部品特定・調達段階で，サプライヤ選択の自由度を上げたい ・試作組立後動作確認で，特性値のバラつきを減らしたい ・最適な部品の組み合わせを特定したい ・構想を素早く図面に落込みたい ・図面を早くモックアップしたい ・顧客から集めた声から潜在ニーズを読取りたい ・試作組立後動作確認で，モジュール間の動作確認に時間を掛けたくない	・構想が止まることなく円滑に進めたい ・構想に組み込まれた製品の故障率を下げたい ・生産する地域ごとに生じる製品品質のバラつきをなくしたい ・今後発生するであろう異常を的確に感知し，修理を素早く行いたい ・環境変化に対応して，柔軟な体制で品質を管理したい ・消耗部品切れが起きることなく，消耗を予想してタイムリーに届けたい	・新しい技術トレンドを見極めたい ・世界中のニーズを素早く読み取りたい ・既存事業の強みを活かせる分野を見つけたい ・新たな構想を共に成し遂げるパートナーを見つけたい ・ビジネスモデルを他の新興国にも拡げていきたい ・事業に関わるステークホルダー（サプライヤ，顧客）を増やしたい

図 5.4　新規要求項目アイディアの導出

■ステップ7：組織内部の知識の集約

　重点要求項目の実現に関わりうる経営資源を棚卸しします．「サプライヤ選択の自由度を上げたい」というニーズの実現に向けて，同社が保有する全ての経営資源の中から，電力を安定的に供給するための基盤となる「高性能アナログ技術」とマイコンなどを用いて出力を制御する「デジタル制御技術」，さらに，デジタル制御された入出力情報を効率的に最適化するためのインターフェースに関わる「データ通信技術」などを要求項目実現に関連する技術シーズとして選択しました（**図 5.5**）．

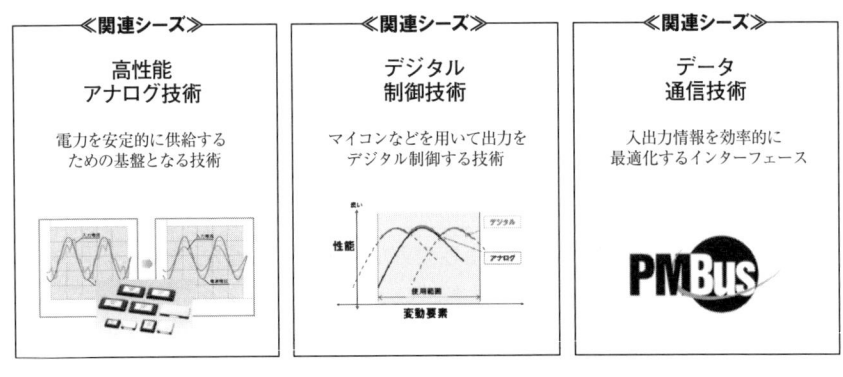

図 5.5　要求項目実現に関連する経営資源の棚卸し

■ステップ8：新規要求品質アイディアの導出

　ステップ6で選定された重点要求項目を実現すべく，ステップ7で選んだシーズを用いて具体的に何ができるかを検討します．A社検討チームの場合，ステップ6では「サプライヤ選択の自由度を上げる」という新規要求項目が設定されました．この実現に関わるシーズとして，ステップ7では「高性能アナログ技術」と「デジタル制御技術」，「データ通信技術」が選択されました．本ステップでは，「サプライヤ選択の自由度を上げる」ために，「高性能アナログ技術」や「デジタル制御技術」，「データ通信技術」を活用して自分たちA社は具体的に何ができるかを検討しました．

　検討の結果，「構成パーツの組み合わせ特性を電源が調整・カスタマイズする」という全く新しい要求品質アイディアが導出されました(**図5.6**)．

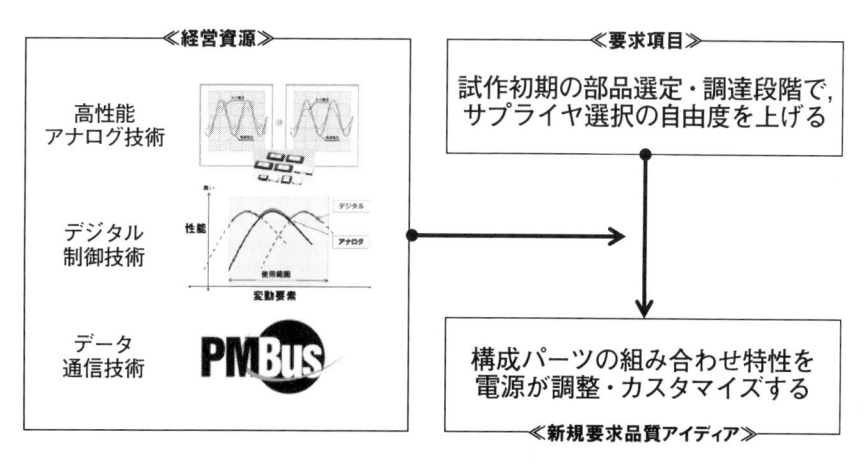

図5.6　新規要求品質アイディアの導出

■ステップ9：新製品・サービスの考案

　新規要求品質アイディアをもとに新製品・サービスを考案します．考案された新製品・サービスのアイディアは，電動バイクを構成するモータやバッテリーなどのパーツが様々なサプライヤから供給されることに着目し，サプライヤごとに違いのある特性値の変動を電源装置が読み取り，顧客企業の要求仕様のパフォーマンスを実現するように，「パーツ間の特性をチューニングする」というものです．たとえば，a社製モータを採用した時と，b社製モータを採用した時では，c社製ECU（Engine Control Unit）の特性が異なるのですが，このアイディアはそのようなバラつきを調整するといった具合です（**図 5.7**）．

　さらにこのことに関連して，構成パーツの組み合わせ特性を調整・カスタマイズすることのできる製品ハードの考案，A社が得意とする小ロットの変種変量生産体制を活かしたリードタイム短縮の新たな仕組み，細部にわたる顧客のカスタマイズ要求を的確かつ迅速に把握するための営業コミュニケーションツールなどが考案されました．このように単発製品アイディアの導出に留まらず，複数の製品・サービスアイディアならびに業務オペレーションツールのアイディアが考案されるに至りました．

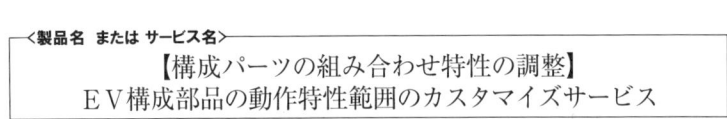

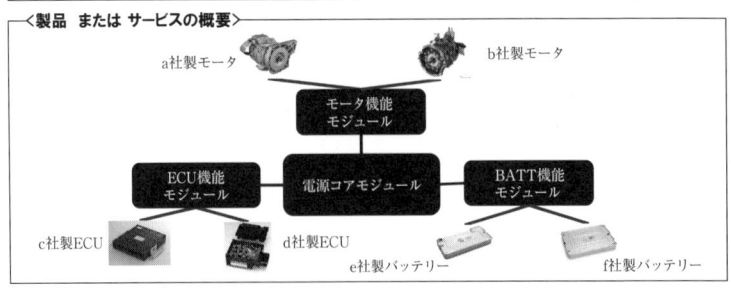

図 5.7　新製品・サービスの考案

第 5 章　B2B 事例

■ステップ 10：価値次元創造の可能性検討

　考案された新製品・サービスが顧客にもたらす価値次元を考えてみます．顧客は A 社の新製品・サービスを利用することによって，パーツ調整の手間を低減できることから，既存の取引先に縛られることなく，パーツおよびサプライヤの選択肢を格段に広げることができます．また，A 社電源が顧客の製品パフォーマンスを安定して高い状態に維持することができるようになり，顧客企業の製品品質の向上に寄与します．今回考案されたアイディアは，汎用部品の組み合わせを顧客の要求仕様に調整することを通じて，構想の早期仕様化および量産化をもたらすことが期待されます．これは，直流安定化電源市場における「電力を安定的に供給する」という現行価値次元をパラダイムシフトさせるに相応しいと考えられます（図 5.8）．この新たな価値次元は，顧客から見たこれまでの A 社に対する「電源部品のサプライヤ」という位置付けを，「事業構想を共に実現するパートナー」という位置付けに発展させるものであり，A 社の事業にさらなる高付加価値化をもたらす可能性を大いに秘めているといえます．

【現・価値次元】	パラダイムシフト	【新・価値次元】
電力を安定的に供給する	→	汎用部品を顧客の要求仕様に調整する

【新製品アイディア】

EV構成部品の動作特性範囲のカスタマイズサービス	構成パーツの組み合わせ特性を調整・カスタマイズすることのできる製品
小ロットの変種変量体制を活かしたリードタイム短縮の新たな仕組み	細部にわたる顧客のカスタマイズ要求を的確かつ迅速に把握するための営業コミュニケーションツール

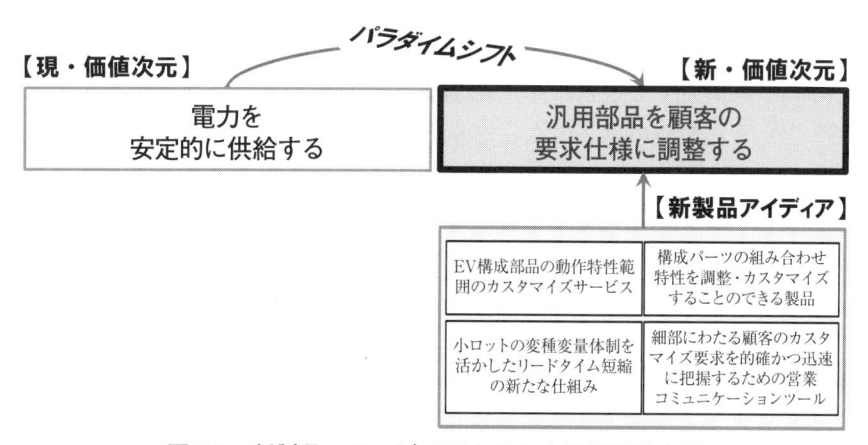

図 5.8　新製品・サービスがもたらす新規価値次元

第6章
B2C 事例

　次に取り上げる事例は化粧品メーカーB社です．同社は化粧品および健康食品を製造・販売しており，クレンジング，ウォッシングといった肌を洗浄するものや，ローション，クリームといった肌に栄養を与えるスキンケア化粧品，またファンデーション，アイメイク，リップメイクといった，顔を健康的に見せたり，また紫外線などの外界の刺激から肌を守るためのメイクアップ化粧品を中心に取り扱っています．

　B社の特筆すべきことの1つとして，全国に1万の販売代行店，8万の販売員を擁する訪問販売形態があります．訪問販売員は，「化粧品は肌に直接つけるものだからこそ，お客様お一人お一人の美しさにお応えするためには，使い方やお手入れ方法を対面でアドバイスすることが必要不可欠だ」という創業時の思いによってもたらされた，同社ならではの経営資源といえます．同社は優れた技術力のみならず，訪問販売員という独自の経営資源もフルに活用して，事業の競争優位性を高めるべく理想追求型QCストーリーを用いて検討を行いました．

■ステップ1：事業が目指す姿の策定と共有

　B社検討チームは，同社の社史を振り返るなどして，これからの時代を見据えた事業が目指す姿の策定を試みました．

> 　私たちの願い．それは，あなたが明るく元気になって，自信を持つこと．それが，あなた自身の輝きをうみだし，新しい人生へと積極的に踏み出すために大切なことだと，私たちは考えています．
> 　あなたが自信を持つためには，健やかで美しい肌になることが必要です．朝起きて鏡を見たら，肌が綺麗で嬉しくなった．「肌きれいだね」と言われ，自信が持てた．肌トラブルが無くなって，人と会うのが怖くなくなった．肌が綺麗になって自信を持つことが，あなたに心の豊かさをもたらします．
> 　ご安心ください．安心安全高品質な商品，フェイス・トゥ・フェイスによる美の提案という資源をもつ私たちは，ひとりひとりの美しさに応えるよきアドバイザー．お客様の声に耳を傾け，寄り添うことで，お客様がイキイキと輝けることを何より願っています．

図6.1　事業が目指す姿（事業コンセプト）

　B社が創業以来，一貫して大切にしていることとして，「美しさにまごころを込めて」，「全ての女性を明るく元気に」，「顧客に寄り添う」といった表現があります．しかし，「まごころ」や「寄り添う」といった言葉の厳密な意味合いは全社員間で必ずしも一致しているとはいえない現状がありました．そこで，B社検討チームとして，これらの同社にとって大切な言葉を今日的に読み替えることを試みました．「創業以来，大切にしてきた『寄り添う』という言葉は，お客様一人ひとりが自分自身に自信を持つことのお役に立つという意味として捉えることが相応しい」といった議論がなされ，図6.1に示す事業コンセプトが検討チーム全員の総意として策定されました．

■ステップ2：リード・ユーザーの選定

　B社検討チームは，前ステップで記した「事業が目指す姿」に関して，他の誰よりも最前線で創意工夫しているリード・ユーザーとして，「産後育児中の元アナウンサー」を選定しました．選定理由は次のとおりです．

〈リード・ユーザー選定理由〉
- アナウンサーという職業に就く女性はもともと美意識が高い．かつ，出産および育児による身体的・精神的負担の大きさは，美意識を維持・向上させることを困難にすることから，「寄り添う」という事業コンセプトの趣旨を具現化するうえで相応しい．
- 当人は，ゆくゆくはフリーアナウンサーとして社会復帰したいと考えている．出産から社会復帰までの期間はいわば，新しい人生を切り拓くための準備期間と位置付けられる．この間にB社として何ができるかを考えることは，主力商品であるスキンケア以外の新たな製品やサービスのアイディアを生み出す可能性を秘めている．
- 一生の中で生活や価値観が最も大きく変化する出産・育児の時期に関わることで，このリード・ユーザーから得られる知見は，今後の新たな人生を切り拓こうとしている他のユーザーに対しても水平展開できる可能性が高い．

■ステップ3：取引継続期間の設定

　B社検討チームは当人がフリーアナウンサーに復帰するに相応しい時期を，子供が小学校に入学する時とし，それまでの期間が重要であると考え「6年」を設定しました．この6年間とはいわば，リード・ユーザーが自らの人生について改めて考える時期であり，6年後に新しい人生を切り拓くための準備期間として位置付けました．

■ステップ4：取引継続期間を見通した外部環境分析

　この先リード・ユーザーに起きることを整理して，B社として着目すべき与件を抽出します．検討の結果，「自分たちの事業が着目すべきは単に綺麗な肌ではなく，その人に相応しいその人に固有の表情を創ることである．表情というものは本人の内的状態(心の状態)に大きく影響される．そのためその人に固有の表情づくりは，表情づくりのベースとなる自らを感じる意識(自己意識)にも目を向けて，そのような自己意識を顧客と共に育んでいくことが必要である．」という考えに至りました．子供が小学校に入学する6年後の活躍機会を見据えて，自分らしい表情づくりのベースと

第6章　B2C事例

政治的要因（P＝Politics）	経済的要因（E＝Economics）
・女性の社会復帰を促す法の整備 ・育児介護休業法を始めとする育児支援制度強化 ・育児のための法規制による時短勤務の浸透 ・自治体の財源不足に伴う保育園不足 ⇒ 職場復帰を見据えて，仕事で成果を残せるようにするための準備が必要	・景気変動に影響を受けやすい配偶者の所得 ・少子化による一人あたりの養育費の増加 ・キッズスペースのある店舗増加による外出機会増加 ・労働人口の減少 ⇒ 自分に対する投資の減少による，自身の存在意義が感じにくくなる状況から脱却することが重要
社会的要因（S＝Society）	技術的要因（T＝Technology）
・核家族化による子育て孤立化 ・ママ友コミュニティー参加など，周りと関わる機会の増加 ・年齢を感じさせない女性(美魔女)への関心の高まり ⇒ これまでとは異なるコミュニティへの参加や，女性としての魅力も磨くことが求められる	・インターネットを通じた情報過多 ・求められる高度な情報リテラシー ・SNSの更なる発展による情報発信の容易性 ⇒ 多様な情報を利活用して困難の克服を通じて得た知見を発信できるような機会が必要

要するに
ポイントは何ですか？

出産・子育てから社会復帰するにあたり，自分らしい表情でいられるためには，自分と向き合い，認めてあげること，つまり「**自己意識**」の維持・高揚が必要

図6.2　取引継続期間を見通した外部環境分析

なる「自己意識」をいかに高めていくかということが，B社がリード・ユーザーと良好な関係性を築くうえでの最大のポイントであるとしました（**図6.2**）．

■ステップ5：共創プロセスの設定

＜テーマ＞
ありのままの自分を受け入れ，高めていくことによって
自信をもって新たな機会に挑戦するための6年間

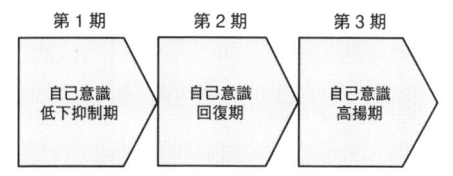

第1期　→　第2期　→　第3期
自己意識　　自己意識　　自己意識
低下抑制期　回復期　　　高揚期

図6.3　共創プロセス

外部環境分析の結果を踏まえ，リード・ユーザーに対するB社の関わり方を考えます．前出のステップ4で述べたとおり，B社がリード・ユー

ザーと6年間にわたって向き合う際の最大の着眼点は「自己意識の高まり」です．リード・ユーザーは出産を機にそれまで活躍してきた社会から離れ，一時的に自己意識が大きく低下することが予想されます．そこでB社検討チームは6年間の月日を，自己意識の低下をいかに早期に食い止め（第1期），自己意識を取り戻し（第2期），そして6年後の新たな出発に向けて自己意識を高めていく（第3期）と設定しました（**図6.3**）．このような「自己意識の低下抑制と回復，高揚」こそが，同社が創業時から大切にしている「顧客に寄り添う」という意味であると全メンバーの統一見解に至ったのです．

■ステップ6：新規要求項目アイディアの導出

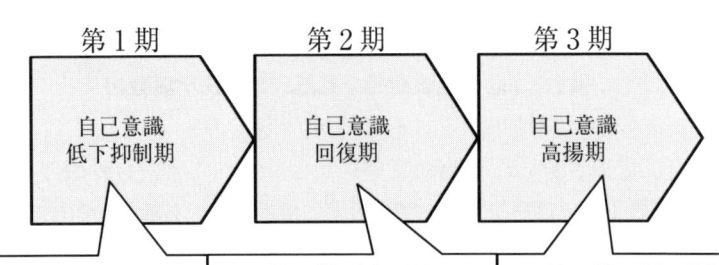

第1期 自己意識低下抑制期	第2期 自己意識回復期	第3期 自己意識高揚期
≪第1期要求項目≫	≪第2期要求項目≫	≪第3期 要求項目≫
・鏡を見てため息をつきたくない ・日々の疲労を蓄積したくない ・鏡に映る自分を直視できるようになりたい ・人から見られて恥ずかしくないような肌状態を維持したい ・こわばった表情を解したい ・家の中でも明るい気分でいたい ・自分のことを考えて悲しくなることをやめたい ・将来に対する不安を取り除きたい ・血色を良くしたい	・心持ちが自然と表情に表したい（嬉しい気持ちを自然と表情に出したい） ・将来なりたい自分像を描きたい（人生目標となる人を見つけたい） ・自分のなりたい姿に至るまでの方法を教えて欲しい ・取組んできたことの成果を自分の目で確かめたい ・自分に似合う表情の見せ方を知りたい ・健康的で元気な印象を与えたい ・今の自分を認め，受け入れたい ・鏡を見て，楽しい気持ちになりたい	・なりたい自分の姿を自分で描き，実現に向けて試行錯誤したい ・これまでの歩みを，身近な人からも認めてもらいたい ・状況に応じて周囲の心象を害さない表情ができるようになりたい ・前向きな気持ちで外出したい ・これまでの経験を自分の言葉で語れるようにしたい ・周囲から注目される機会を増やしたい ・「あの人のように振る舞いたい」と，人から憧れられる存在になりたい

図6.4　新規要求項目アイディアの導出

共創プロセスの各期ごとに，リード・ユーザーが要望するであろうことを可能なかぎりリストアップします．検討の結果，**図 6.4** に示す各種要求項目をリストアップするに至りました．これらの中から，「顧客から見た重要度」と「自社による実現可能性」，さらに「当該リード・ユーザーにかぎらず，多様なユーザーが今後のニーズとして顕在化させる可能性（＝水平展開可能性）」という各観点から検討を行った結果，「嬉しい気持ちを自然と表情に出したい（＝心持ちが自然に表情に表れる）」を重点要求項目として選定しました．

■ステップ7：組織内部の知識の集約

重点要求項目の実現に関わりうる経営資源を棚卸しします．「心持ちが自然に表情に表れる」というニーズの実現に向けて，同社が保有する全てのシーズの中から，細胞の成長を意のままに操る「細胞再生技術」，原料から有効成分のみを抽出する「有効成分抽出技術」，そして，肌の奥まで成分を浸透させる「高浸透化技術」などを要求項目実現に関連する技術シーズとして選択しました（**図 6.5**）．

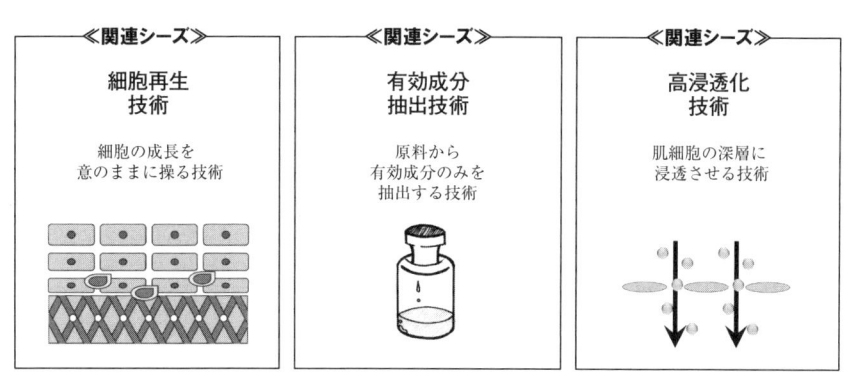

図 6.5　要求項目実現に関連する経営資源の棚卸し

■ステップ8：新規要求品質アイディアの導出

　ステップ6で設定された要求項目を実現すべく，ステップ7で選んだ経営資源を用いて具体的に何ができるかを検討します．B社検討チームの場合，ステップ6で設定された「心持ちが自然に表情に表れる」という重点要求項目を実現すべく，ステップ7でリストアップされた「細胞再生技術」と「有効成分抽出技術」，「高浸透化技術」を活用して，自分たちB社は具体的に何ができるかを検討します．検討の結果，「肌を支える顔筋の細胞から創り込む」という新しい要求品質アイディアが導出されました(**図6.6**)．

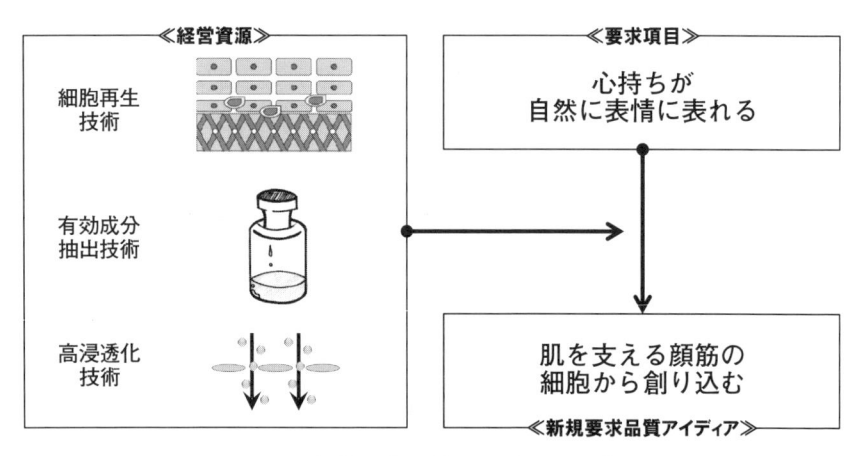

図6.6　新規要求品質アイディアの導出

■ステップ9：新製品・サービスの考案

　新規要求品質アイディアをもとに新製品・サービスを考案します．考案された新製品アイディアは，肌を支える顔筋の細胞から創り込む「顔筋細胞マッサージクリーム」です(**図6.7**)．表情をつくるためには，肌表面だけではなく，顔面を支える顔筋を鍛える必要があります．顔筋をつかさど

る細胞の活性化を促し，新陳代謝を正常化して顔筋をほぐすことによって，柔らかい表情をつくることができると考えました．

B社検討チームによれば，この新製品アイディアは同社にとって新規性のあるものだったようです．ただし，このような新製品さえあれば，「自己意識の高まり」と「高まった自己意識に裏打ちされたその人固有の表情づくり」がもたらされるのかといえば，そうではありません．自分の自己意識が高まっていることの実感や，自己意識を高めていきたいという動機付け，さらには，自らが理想とする表情とはどういう表情かという理想設定は，自分一人でできるとはかぎりません．

そこでB社検討チームとしては更にどのような製品・サービスが必要になるかを検討しました．たとえば，肌の状態を即時に診断できる「肌状態計測システム」，個々の肌質に合わせて成分を配合・調整する「肌質別成分配合技術」，自分らしい表情で過ごすためのアドバイスをする「カウンセリング技術」といった同社のシーズを組み合わせることによって，「将来像共創カウンセリング」というサービスアイディアが考案されました．このサービスは，今後顧客が迎える様々な人生の転機に「どういう女性でありたいか」をアドバイザーとともに将来像を定め，日々のスキンケアや化粧法の提案・実施を通じて，ありたい将来像に到達するために内外の両面から美しさを育んでいくというサービスです．自分への自信を深め，

―〈製品名　または　サービス名〉―
顔筋細胞マッサージクリーム

―〈製品　または　サービスの概要〉―

表情づくりには，肌表面だけではなく，顔面を支えている顔筋細胞に働きかけることが必要です．顔筋から細胞の活性化を促すことで，新陳代謝が正常化し，肌の状態が良くなり，ハリや透明度が向上します．さらに，マッサージ効果を高めることで顔筋をほぐし，柔らかい表情を創りだすことができます．

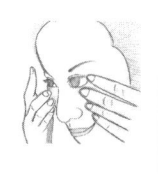

図6.7　新製品・サービスの考案

内面の豊かさも同時に育むことを目指します．このほか「オーダーメイドのスキンケア化粧品」「メイクアップ効果のある色つき美容クリーム」など計8個の製品・サービスアイディアが導出されました．

■ステップ10：価値次元創造の可能性検討

　ステップ9で考案された新製品・サービスが顧客にどのような価値をもたらすのかについて検討します．もともとスキンケア商品に強みを持つB社がこれまでにもたらしてきた価値は，肌の保湿，美白，ニキビケアなど「表層的な肌のトラブルに対処する」というものでした．一方，今回の理想追求型QCストーリーを用いて導出された複数の新製品・サービスによってもたらされる価値は，「内面から表情を創り上げる」というものです．内面から表情を創り上げるというプロセスは，特定商品が一方的にユーザーに機能することによって成り立つものではありません．B社アドバイザーとの密なコミュニケーションを通じて，その人に相応しい製品およびサービスを組み合わせてはじめて実現されます．このように，「表層的な肌のトラブルに対処する」ための方策ラインナップと，「内面から表情を創り上げる」ための方策ラインナップは大きく異なることが予想されます．これは，対価を得るに相応しい商材の拡大を示唆しています．しかも，その方策ラインナップは，個々に独立した方策ではなく，内面から表情を作り上げるうえで相互に関連付けられた「方策パッケージ」と捉えることができます．これは，個別商品レベルでは発生しがちなコモディティ化の問題を回避する可能性を秘めています．

　さらに，自らの事業を「肌トラブル解決屋」と位置付けた場合は，トラブルを回避してしまえば顧客との関係が短期に終わる可能性がありますが，「内面性に裏打ちされた理想的な表情の共創屋」として位置付けた場合，その実現プロセスは時間を要することから，顧客との関係性が長期にわたることが期待できます．このように，今回の事例は，自らの事業の位置付け（「顧客から見てわれわれは何屋なのか？」という問いの答え）の再検討

第 6 章　B2C 事例

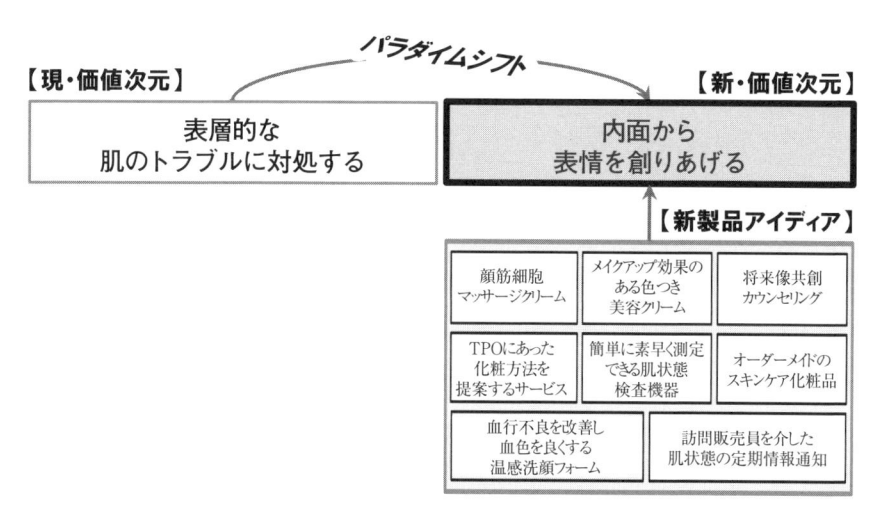

```
【現・価値次元】        パラダイムシフト        【新・価値次元】
  表層的な                               内面から
  肌のトラブルに対処する                   表情を創りあげる

                                      【新製品アイディア】
        顔筋細胞        メイクアップ効果の      将来像共創
        マッサージクリーム   ある色つき         カウンセリング
                     美容クリーム

        TPOにあった     簡単に素早く測定     オーダーメイドの
        化粧方法を      できる肌状態        スキンケア化粧品
        提案するサービス   検査機器

        血行不良を改善し   訪問販売員を介した
        血色を良くする    肌状態の定期情報通知
        温感洗顔フォーム
```

図 6.8　新製品・サービスがもたらす新規価値次元

を通じて，顧客から対価を獲得する方策ラインナップの充実化と，対価獲得の持続期間の長期化を両立することによって事業の質的発展を目指す好例といえます．自らの事業を「表層的な肌のトラブルへの対処」から，「内面性に裏打ちされた表情づくり」への移行は，新たな価値次元への転換と呼ぶに相応しいと思われます (**図 6.8**)．

■一連の検討を経て更新された事業コンセプト

　理想追求型 QC ストーリーは，全ステップを一度実施すれば終わりというものではありません．新製品・サービスの継続的創造には，少なくともステップ 6 〜 10 を何度も繰り返すことが必要になります．

　さらに，理想追求型 QC ストーリーを繰り返すうちに，当初の事業コンセプトがさらに洗練されていくことも期待されます．今回の事例として取り上げた B 社検討チームにおいても，最終的に，ステップ 1 の事業コンセプトの内容 (図 6.1) が **図 6.9** のように更新されました．ステップ 4 の取引継続期間を見通した外部環境分析で「自己意識」というキーワードが抽

> 私たちの願い．それは，あなた自身の力で，新しい人生を切り拓くこと．そこに大切なのは，自己意識．自己意識の回復と高揚こそが，あなた自身の輝きをうみだし，新しい人生へと積極的に踏み出すために，一番大切なことだと，私たちは考えています．
> 　あなたの自己意識を高揚させるのは，あなただけの表情．ちいさく笑顔をつくってみたら，気持ちが楽になった．鏡に映る自分を見て，自分が少し好きになった．「最近きれいになったね」と言われ，新しい一歩を踏み出したくなった．あなたの表情の変化が，あなたに心の豊かさをもたらします．これらの表情は，あなただけがもつ色からできています．肌，唇，瞳，髪…千差万別の色．あなたがもつ色に，一番似合う色を加えることで，あなたの表情は，より魅力的になるのです．
> 　ご安心ください．色をはかる・つくる・えらぶという資源をもつ私たちは，ひとりひとりに一番似合う，表情づくりのプロフェッショナル．時を経て変ってゆく表情を共に創り続け，あなたがイキイキと輝いた表情で新しい人生の岐路に立つことを，何より願っています．私たちがずっと大切にしてきた言葉，「寄り添う」という意味は，あなたの自己意識が育まれることを，ともに歩むという意味なのです．

図 6.9　更新された事業が目指す姿（事業コンセプト）

出されたため，このキーワードを前面に出した内容に更新されています．同社が創業以来，大切にしてきた「寄り添う」という言葉の意味合い，「私たちがずっと大切にしてきた言葉，『寄り添う』という意味は，あなたの自己意識が育まれることを，ともに歩むという意味なのです」として事業コンセプトに明記されたことは大変印象的でした．事業コンセプト内容の更新を受けて，さらに理想追求型 QC ストーリーを繰り返し活用することによって，より的を射た新製品・サービスのアイディア導出が期待されます．

　以上，第Ⅱ部では理想追求型 QC ストーリーを活用した B2B 事例と B2C 事例を紹介しました．理想追求型 QC ストーリーの手続きはいわば，組織内に散在する知識や経営資源を統合して，事業の高付加価値化に向けた新たな知識を生成するプロセスといえます．第Ⅲ部では，理想追求型 QC ストーリーの特徴について詳しく解説します．

第Ⅲ部

理想追求型
QCストーリーの特徴

　第Ⅱ部では，理想追求型QCストーリーを用いた事例として，Ｂ２Ｂ事例とＢ２Ｃ事例をご紹介しました．第Ⅲ部では，理想追求型QCストーリーの底流を支える理論的枠組みについてお話ししたいと思います．

　第7章では，理想追求型QCストーリーの根幹を成す理論的枠組みとして「インターナル・マーケティング」を概説します．第8章では，インターナル・マーケティングの大枠がどのような経緯で理想追求型QCストーリーに詳細化されたのかについて解説します．そして，第Ⅲ部最後の第9章では，理想追求型QCストーリーを語るうえで欠かすことのできない重要キーワードについて解説します．

　なお，第8章は学術誌『市場創造研究』(第3巻)に掲載された投稿論文「理想追求型QCストーリー：バックキャスティング思考に基づき製品・サービスを創造する新たな手続き」をベースにしたものです．

第7章
インターナル・マーケティング
―組織的な知識創造に関する理論的枠組み―

7.1 価値創造の在り方についての再検討

　第1章でもお話したとおり，今日，製造業を中心に多くの企業がコモディティ化の問題に直面しています．コモディティ化による「差別性の消滅」と「価格競争の激化」は，企業間競争の焦点をコストに収斂させることから，コスト削減策など組織オペレーションの向上で対応しようとする企業が少なくありません．しかし，低い生産コストを武器にする新興国企業の台頭によって思うように効果が上がりません．かつての時代と比較して製品の機能面での差別化が困難になっただけでなく，コスト優位性を築くことも格段に困難になってしまいました[1][2]．第2章で述べたとおり，コモディティ化を回避するには，価格以外の争点を新たに創出すべく，市場における既存の競争軸を新たな競争軸に転換する，新たな価値次元を創造していくことが重要です．では，新たな価値次元を創造する際の今日的な視点として何が大切になってくるのでしょうか．

　昨今，産業界において「製造業のサービス化」[3][4][5]，「モノ単品売り切り型のビジネスモデルからソリューション提供型のビジネスモデルへの転換」[2][6]といったフレーズをよく耳にします．一方，最近のマーケティング分野における研究においても，単一のモノによる差別化を志向するのではなく，モノとサービスを組み合わせて差別化を図るべきという主張が

第7章　インターナル・マーケティング―組織的な知識創造に関する理論的枠組み―

多く見受けられるようになりました[1][2][7]．これらのことは，複数の製品・サービスを組み合わせた仕組みによって新たな価値次元を創造することの重要性を説くものといえるでしょう．たとえば，弛まぬ持続的改善の取組みによって油圧ショベルなど主力製品の品質を向上するに留まらず，KOMTRAX といった ICT 技術と組み合わせて，顧客の施工現場の生産性を高めるソリューションビジネスを展開したコマツの取組みは，製品とサービスの組み合わせによる仕組みがもたらす価値で持続的な競争優位を確立した好例です．複数の製品とサービスを組み合わせた新たな価値次元の創造……これが今日的な潮流を踏まえた価値創造の視点です．

このような価値創造活動の実践は，開発部門など特定部門だけでできることではありません．モノ志向が強い企業の場合，価値創造の担い手は主として開発部門になる傾向がありますが，上述のコマツの場合，開発部門のみならず，ICT 部門やマーケティング部門，プロダクトサポート部門，部品部門，生産部門の全てが密接に機能を繋ぎ合わせて実現されています．「いままでにない価値次元へ転換するための，製品・サービスの融合」という価値創造の取組みは，開発部門など特定部門だけで成し得ることではありません．企業がモノとサービスを組み合わせることで顧客のニーズを高度に満たすには，組織全体で統合化された取組みが重要になります[8]．このような背景を受けて，モノとサービスの組み合わせによる事業の高付加価値化を目指す動きが拡大しており，部門横断的な知識創造の取組みとしてのインターナル・マーケティングが注目されています[9][10]．

7.2　インターナル・マーケティング：組織横断的取組みによる価値創造

組織内部には技術やスキル，ノウハウなど様々な経営資源が存在します．以後，これらを一括して「知識」と呼ぶことにします．インターナル・マーケティングとは，「組織内部に散在する知識を集約して，新たな知識を生成していく組織的な取組み」をいいます[11][12][13]．理想追求型 QC ストーリーは，組織的な知識の集約と生成を目指すインターナル・マーケティ

ングの要領をベースとしてつくり上げられたものです．インターナル・マーケティングにおける知識の集約と生成の組織的取組みの大枠は**図7.1**に示すとおり，4つのステップから構成されます[11]．

```
ステップ1　：　事業が目指す姿の策定と共有
ステップ2　：　将来を起点とした与件の整理
ステップ3　：　組織内部の知識の集約
ステップ4　：　新たな知識の生成
```

図7.1　インターナル・マーケティングの手続きの大枠

■ステップ1：事業が目指す姿の策定と共有

　インターナル・マーケティングの出発点は，事業が目指す姿の策定と共有です．「企業や事業におけるゴール」や「ミッション」，「理想像としてのビジョン」など様々ないい方がありますが，本書では一括して「事業が目指す姿」と呼ぶことにします．本ステップでは，事業を通して顧客および社会に対して究極的にどのような価値を提供するのかを「事業が目指す姿」として定めます．ここでいう「事業が目指す姿」は，これから自社はどのような成長を遂げていくのかという，将来への明確なイメージといっても構いません．ただし，それは売上や収益，市場シェアといった業績の数値を示すことではありません．本ステップで検討すべきは「私たちが当該事業を通じて社会に実現したい価値は何か」という問いの答えです．換言すると，「当該事業の社会的存在意義」です．魅力的に表現された事業が目指す姿は，従業員各人の意欲を高め，使命感をかき立てます．そして，事業が目指す姿の共有はメンバーの心を一つにして，知識の集約と生成を促進します．「事業が目指す姿」の策定と組織的共有が，事業の高付加価値化の第一歩です．

■ステップ2：将来を起点にした与件の整理

　事業が目指す姿は，一般的に達成するまでに要する時間が長く，理想的な目的と現実との間には大きなギャップがあります．あるいは，事業が目指す姿が過度に抽象表現の場合，現状とのギャップを捉えようがなくなってしまうこともあります．ギャップが定まらない，あるいは，定まったとしてもギャップが大きすぎるという場合，組織内部の知識の集約と生成に支障が生じることが指摘されています．たとえば，様々な部門に散在する知識の中でどの知識や情報を共有すべきか特定できない[12]といった指摘や，目的の達成に向けた各部門の行動は自部門都合に陥り，部門間での利害の不一致がしばしば起きてしまう[13]といった指摘です．

　このことについて，抽象的になりがちな「事業が目指す姿（＝目的）」は各部門および従業員各人が理解しやすいように「具体的な事項（＝目標）」に落とし込まれることの重要性が説かれています[14]．目的に具体性と実現性を兼ね備えた事項は「駆動目標」と呼ばれています．駆動目標によって，社内の各部門が保有するシーズや顧客のニーズに関する情報の相互共有などの組織的協力行動が取りやすくなるといわれています．このように駆動目標には，利害関係者を巻き込み，目的達成に向けた知識の創造を促す効果があります．知識の集約と生成を促進する鍵は，目的に具体性と実現性を兼ね備えた駆動目標にあります．駆動目標という用語に対して難解な印象を抱く読者におかれましては，「組織全員が当事者意識をもって臨むことができる具体的な課題」あるいは「組織全員が"自分ゴト"として認識できる具体的な課題」と言い換えていただいても構いません．

■ステップ3：組織内部の知識の集約

　次の段階で行うことは，組織内部に散在する知識の部門横断的な共有です．難しくいうと「部門横断的な知識の表出化」といういい方になります．本書の文脈に即していうと，ここでいう「知識」とは，「経営資源に関す

る情報」ということになります．事業が目指す姿の実現に向けて，新たな方策アイディア（新たな知識）を生成するために，社内の各部門が保有する経営資源に関する情報を相互に共有します．なお，ここでいう経営資源とは，技術シーズのほか，組織的につくり上げられたノウハウや手続き，設備，システムなど，企業が保有するすべてを指します．

　事業が目指す姿は，特定一部門が保有する経営資源だけで実現されるものではありません．事業が目指す姿の実現に寄与する方策アイディアを生成すべく，各部門保有の経営資源を集約するのです．当該ステップはいわば「事業目的から見た，経営資源の全社的把握」といってよいでしょう．

■ステップ4：新たな知識の生成

　各部門が連携して組織横断的に集約された知識を使い，事業が目指す姿を実現する新たな知識を生成します．理想追求型QCストーリーが着目する新たな知識は「事業が目指す姿の実現に寄与する新製品・サービスアイディア」ですが，実際のインターナル・マーケティングにおいて新たに生成される知識はこれに限りません．表7.1に示すとおり，今後，組織が新たに蓄積すべき技術的なシーズや，効率的に価値を提供するための組織オペレーション上の方策アイディアなど多岐にわたります．ここでいう「新たな知識」とは，「事業が目指す姿を高度に実現する方策アイディアのすべて」です．インターナル・マーケティングはこれらの多岐にわたる様々な知識を生成することによって，事業の高付加価値化を目指します．

表7.1　インターナル・マーケティングにおいて新たに生成される知識

① 新たな価値次元のアイディア
② 上記価値次元を高度実現する新製品・サービスのアイディア
③ 上記の新製品・サービスアイディアを効率的に生み出すための組織オペレーションのアイディア
④ 今後のさらなる価値次元の高度実現に必要な技術シーズなど，新規経営資源
⑤ 外部機関を巻き込んだ仕組みのアイディア

このように一連の手続きは，(ステップ1)事業が目指す姿の策定と共有を出発点として，(ステップ2)重要な課題を与件として整理し，(ステップ3)課題をふまえて組織内部の知識を集約して，(ステップ4)新製品・サービスやそれを支える社内システムなどの新たなアイディアを知識として生成する，という流れになります．この思考プロセスが，事業の高付加価値化をもたらすのです．理想追求型QCストーリーは，この大枠に則って詳細化したものです．詳細化の経緯については次章で詳述します．本章の最後で一番強調したいことは，図7.1の思考プロセスの最大の特徴についてです．キーワードは，バックキャスティングです．

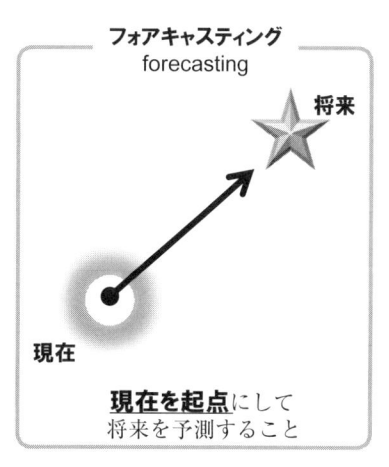

図7.2 バックキャスティングとフォアキャスティング

7.3 キーワード：バックキャスティング

7.2節のステップ2で述べたとおり一般的に「目的」を達成するまでに要する時間は長く，理想的な目的と現実との間には大きな乖離があるものです．「目的」と「現実」の間の接点を見出すことは容易ではありません．これを打開する有効な手法として，バックキャスティングが大きく注目されています．バックキャスティングとは，「将来のあるべき姿を定めて，

そこから逆算してあるべき姿に至る道筋を明らかにすることによって，いま何をすべきかを考える」という思考アプローチをいいます(図7.2)[15][16]．スウェーデンの環境NGOである「ナチュラル・ステップ」の創始者であるRobèrt博士によって提唱されました．未来志向で，いま取組むべき課題を明らかにする有効な手法といわれています．

　バックキャスティングの思考アプローチが，世界的に注目を集めるきっかけになったのは第15回気候変動枠組条約(以後，COP15と表記します)での会議だったといわれています．2009年12月にデンマークで開催されたCOP15では，途上国の工業化に伴う温室効果ガスの排出量の急激な増加を受けて，2050年までに世界全体の排出量を50％減少させるという将来の姿を各国が目指すこととなりました．このように「未来のありたい姿」として定め，「未来のありたい姿に到達するまでの過程を考えた場合，いま，何を実行すべきなのか」ということを考察するために導出された思考アプローチがバックキャスティングです．上述のCOP15では，2050年までに世界全体の排出量を50％減少させるという未来のありたい姿に向かうべく，各国が温室効果ガスの排出量をどの程度削減するのか，ということが話し合われました．この場において，日本は「温室効果ガスを2020年までに1990年度比25％削減する」という目標を掲げ，各国から賞賛を浴びました．以上のように，2050年の究極的なありたい姿に向かうために，2020年を一つの区切りとして中間目標を設定し，削減量の具体値を設定するといった手順で進められた議論は，バックキャスティングの思考アプローチによるものといわれています．目的を達成するまでに要する時間がかかるイシュー(論点)の中でも，環境問題はその象徴的な一つです．環境問題は一朝一夕で解決できる問題ではありません．長期的な視野で解決を図らなくてはなりません．環境問題の議論でバックキャスティングが注目されるようになったのはいわば必然だったといっても過言ではないと思います．

　さて，将来のあるべき姿から逆算して，今，何をすべきかを考える思考アプローチをバックキャスティングというなら，その対極に位置付けられ

る思考アプローチにも興味が湧くと思います．先のCOP15で日本の宣言は各国から賞賛を浴びた一方で，日本国内(特に，産業界)からはCOP15で設定された目標を達成することは非常に厳しいという声が相次ぎました．その主な理由は，わが国における生産活動の現状を考えると，そのような目標の達成は到底無理であるというものでした．これは現在の状態や状況，現行の枠組みを前提にして将来を考える思考の結果を表した声といえます．現状を出発点として，現状を積み上げた先に未来像があるという考え方は「フォアキャスティング」と呼ばれています[17]．

バックキャスティングとフォアキャスティングの決定的な違いはベクトルの向きです(図7.2)．バックキャスティングは「将来」を起点として，「現在」を考える思考アプローチであるのに対して，フォアキャスティングは「現在」を起点として，「将来」を考える思考アプローチです．どちらも「現在」と「将来」の両方を取り扱っているのですが，先の環境問題のとおり，どちらを起点にするかによって思考結果が全く異なることは注目に値します．

両者の最大の違いは「制約」の取り扱いにあり，バックキャスティング思考の最大の効用は，「制約を打破すること」といわれています．COP15の例のように，フォアキャスティングの発想は現状を起点として考えを巡らすことになるため，顕在的あるいは潜在的を問わず，既存の「前提」に思考の範囲が縛られ，現状の枠組みの中で考えられ得る結論を出してしまうという傾向にあります．実際の現場を挙げると，たとえば社内企画会議において，革新的な企画アイディアに対して「できない理由」を何十個も並べて潰すミドルマネジメントの思考や，既存製品・サービスの品質や性能を高める改善型の商品企画開発の思考は，フォアキャスティング思考といえるのかもしれません．

アイディア導出後の実現可能性の検討や，革新的なアイディアが第1弾商品として具現化された後にQCDを高める取組みなど，ひとたびアイディアが生まれた後の取組みにフォアキャスティングの思考アプローチは不可欠です．しかし，アイディア導出そのものがフォアキャスティングにな

ってしまったら，導出されるアイディアのほぼ全てが実在する何かをベースにした改善型アイディアに陥ることから，現状における制約を打破し，いままでの前提を覆すような大胆な製品の誕生は期待できません．

環境問題がきっかけで注目されるようになったバックキャスティングの思考アプローチはいま，個人が自ら人生において目標を定める時など様々な事柄に応用されています．そして，バックキャスティングの特徴を新製品・サービスの継続的創造に活かしたものが，理想追求型 QC ストーリーなのです．以上，本章では理想追求型 QC ストーリーの根幹をなす理論的枠組みについてお話しました．理想追求型 QC ストーリーの手続きは，本章で紹介したインターナル・マーケティングの4ステップを基礎にしています．次の第8章では，大枠としての4ステップがどのような経緯で詳細化されたのかについてお話します．

[参考文献]

[1] 青木幸弘(2011)：「顧客価値のデザインとブランド構築」，『価値共創時代のブランド戦略：脱コモディティ化への挑戦』(青木幸弘・徳山美津恵・四元正弘・井上淳子・菅野佐織・宮澤薫編著)，ミネルヴァ書房．

[2] 藤川佳則(2012)：「製造業のサービス化：「サービス・ドミナント・ロジック」による考察」，『パナソニック技報』，Vol.58, No.3, pp.4-9, パナソニックコーポレート R&D 戦略室．

[3] 内平直志(2006)：「製造業のサービスの特徴と知識処理技術の役割」，『東芝レビュー』，Vol.61, No.12, pp.2-7, 東芝技術企画室．

[4] 坂根正弘(2011)：『ダントツ経営 – コマツが目指す「日本国籍グローバル企業」–』，日本経済新聞出版社．

[5] 増田貴司(2010)：「進む『製造業のサービス化』– 今，何が起こっているのか –」，『経営センサー』，No.128, pp.21-31, 東レ経営研究所．

[6] 下川菜穂子(2010)：「製造業のサービス化 – マーケティングと情報科学・工学分野の視点から –」，『商学研究科紀要』，Vol.70, pp.41-55, 早稲田大学大学院商学研究科．

[7] 東利一(2013)：「新たな需要を創造するコト・マーケティング：未来起点の顧客

第 7 章　インターナル・マーケティング―組織的な知識創造に関する理論的枠組み―

　　　　対応」,『季刊マーケティングジャーナル』, Vol.32, No.3, pp.33-46, 日本マーケティング協会.
［ 8 ］　Kotler, P. and K. L. Keller（2005）：*Marketing Management*, 12th Editoin, Prentice Hall.
［ 9 ］　森村文一(2009)：「インターナル・マーケティング」,『季刊マーケティングジャーナル』, Vol.29, No.1, pp.87-97, 日本マーケティング協会.
［10］　蒲生智哉(2009)：「インターナル・マーケティングに関する諸問題とその方法の整理－Nordic 学派的思想によるアプローチ－」,『立命館経営学』, Vol.48, No.4, pp.245-262, 立命館大学.
［11］　加藤雄一郎・松村喜弘(2014)：「理想追求型 QC ストーリー：バックキャスティング思考に基づき製品・サービスを創造する新たな手続き」,『市場創造研究』, Vol.3, pp.29-41, 日本市場創造研究会.
［12］　Grönroos, C.（2007）：*Service Management and Marketing: Customer Management in Service Competition*, 3rd Edition, John Wiley & Sons.
［13］　Ballantyne, D.（2003）："A Relationship-Mediated Theory of Internal Marketing", *European Journal of Marketing*, Vol.37, No.9, pp.1242-1260, MCB UP.
［14］　紺野登(2013)：『利益や売上げばかり考える人は,なぜ失敗してしまうのか－ドラッカー,松下幸之助,稲盛和夫からサンデル,ユヌスまでが説く成功法則－』, ダイヤモンド社.
［15］　古川柳蔵(2012)：「バックキャスティングからみた 2030 年の日本人のライフスタイル－環境制約が引き起こすパラダイムシフト－」,『AD STUDIES』, Vol.39, pp.24-28, 吉田秀雄記念事業財団.
［16］　小笠原敦(2013)：「バックキャスティングに適した科学技術予測の方法論－課題解決志向を重視した研究開発の推進－」,『科学技術動向』, Vol.135, pp.22-25, 文部科学省科学技術政策研究所技術動向研究センター.
［17］　増井利彦・松岡譲・日比野剛(2007)：「バックキャスティングによる脱温暖化社会実現の対策経路」,『地球環境』, Vol.12, No.2, pp.161-169, 国際環境研究会.

第8章
理想追求型 QC ストーリーの手続きが詳細化された経緯

　理想追求型 QC ストーリーは，前章で解説したインターナル・マーケティングの大枠に基づいています．第5章の B2B 事例も当初はこの大枠4ステップに基づいて検討が進められました．しかし，企業との実際の検討では大枠どおりには事が進まず，工夫を凝らして大枠の4ステップに修正を加えながら，現在の理想追求型 QC ストーリーのステップ構成に至りました．本章では，大枠の4ステップがどのような経緯で詳細化されたのかについて，先の B2B の事例を用いて解説します（図 8.1）[1]．

■ステップ1：事業が目指す姿の策定と共有

　本ステップは，前章で紹介したステップ1の内容と同一です．ただし，事業が目指す姿を策定するうえで2点注意することがあります．1点目は，「豊かな社会を目指す」など，どの企業も掲げるであろう抽象的な表現は避けたいということ，2点目は，「地域社会から必要とされる存在になる」，「業界のリーディングカンパニーになる」など，なんらかの目的を達成したことによる「結果」の表現は避けたいということです．

　事業が目指す姿を策定するにあたり，CSV（Creating Shared Value）という概念が非常に有用です．CSV とは「利益を追求することは企業の目的ではない．利益の獲得は結果に過ぎない．企業の目的は社会が抱える問

第8章 理想追求型QCストーリーの手続きが詳細化された経緯

```
[インターナル・マーケティング
 大枠としての4ステップ]

ステップ1
事業が目指す姿の策定と共有

ステップ2                    → ステップ2.1
将来を起点にした与件の整理        リード・ユーザーの選定
                           → ステップ2.2         → ステップ2.2.1
                             与件の整理            取引継続期間の設定
                                              → ステップ2.2.2
                                                取引継続期間を見通した外部環境分析
                                              → ステップ2.2.3
                                                共創プロセスの設定
                                              → ステップ2.2.4
                                                新規要求項目アイディアの導出

ステップ3
組織内部の知識の集約

ステップ4                    → ステップ4.1
新たな知識の生成               新規要求品質アイディアの導出
                          → ステップ4.2
                            新製品・サービスの考案
```

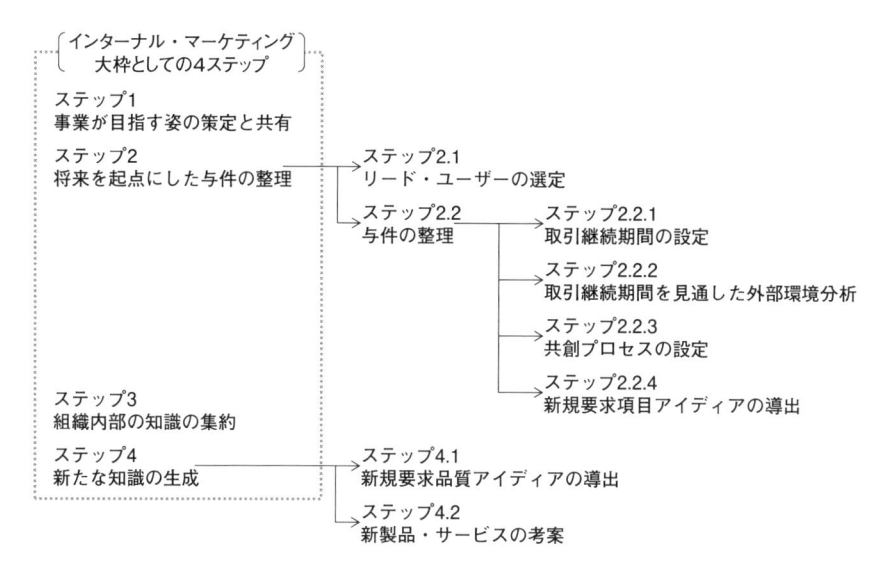

図 8.1 インターナル・マーケティング手続きの詳細化

題や課題を解決することであり，その取組みの結果として利益を獲得する」という考え方です[2]．この考え方に基づけば，事業が目指す姿とは，「社会が抱える問題や課題をどのように解決・支援し，社会的価値を創造していくのか？」という問いの答えになります．さらに別の見解として，良いビジョンの要件は，表 8.1 に示す3点を満たすことだという主張があります[3]．これらをふまえて事業が目指す姿を策定するとよいでしょう．

表 8.1 良いビジョンの要件

1	有意義な目的	組織の存在理由．どんな仕事をやるのかではなく，「なぜ」その仕事をやるかに答えるものであること
2	明確な価値観	目的を達成するうえで，意思決定の基準となるものになり，組織の目的を支えるものであること
3	未来のイメージ	目的達成時の最終的な心的イメージ 具体的で，まざまざと目に浮かぶものであること

第5章で紹介したB2Bの事例では，本ステップを次のように考えました．今日のモノづくりは，企画構想自体は世界のどこからでも生まれる可能性があると同時に，構想実現に必要な部品は世界中に散在しており，グローバルな水平分業で成り立っています．そのような中で，設計者の意図に即して各モジュールを組み合わせることは今まで以上に困難さを増しています．このような社会の情勢をふまえ，「グローバルに散在する高い専門性を持った人々が，魅力的な構想のもとで優れた製品・サービスを生み出していく知的生産社会」を目指したいということになりました．そして，それを実現する鍵としてこれからの電源は「製品を構成する各モジュールの機能を有機的につなぎ合わせる」という新たな仕事を担う可能性があるのではないかという検討がなされました．そのような検討を経て，電源を通じた当該事業のこれからの使命や役割とは何かという問いの答えとして，「機能の組織化によってお客様の構想を実現する」という趣旨が表現されました．

■ステップ2：将来を起点にした与件の整理

インターナル・マーケティングの手続きの大枠が最終的に多段階に詳細化されるに至ったほとんどの部分は本ステップです．先のB2Bの事例における実際のA社とのワークセッションを再現して，本ステップが詳細化されていった様子を紹介します．

前ステップで事業が目指す姿が策定されたことを受けて，これを実現するうえで何がポイントになるのかについて検討を行いました．たとえば，取引高が大きい既存顧客をリストアップし，事業が目指す姿に即して今後はどのようなニーズがあり得るのかといった検討を行いました．また，A社が保有する特徴的な技術シーズなどを挙げて，それらのシーズでどのような機能を発揮できるかといった検討など，様々な議論が行われました．

しかし，前者については，具体的にリストアップされた顧客ニーズの各項目は，「入力電圧の対応範囲を広げる」，「メンテナンスのいらない電源

第8章　理想追求型QCストーリーの手続きが詳細化された経緯

装置」といった，すでに顕在化しているニーズが目立ち，特に目新しさはありませんでした．また，後者については，チームメンバーによって提案された新機能はいずれも画期的で新しいといえるアイディアではなく，「伝熱効果がもっと高い」，「出力電圧の安定性をさらに高める」など，いずれも既存の達成水準を向上するに留まり，機能をさらに高性能化するといったものが多くを占められていました．以上の検討結果は，メンバーによると，これまでの普段の業務でも議論されていたことであったようです．

このように，当該ステップの初期検討では，事業が目指す姿を起点にしたバックキャスティングは思うようにできなかったのです．事業が目指す姿を策定したわりには，その後の検討にほとんど役に立たないという残念なことが早々に発生しました．そこで，以下の修正を施すことにしました．

◆ステップ2.1：リード・ユーザーの選定

対策を講じるにあたり，筆者はチームメンバーに対して「時間をかけて事業が目指す姿を策定したにもかかわらず，その後の検討はこれまでの業務で議論されていた内容に留まってしまったことをどう思うか？」と尋ねてみました．すると，事業が目指す姿の内容に対するチームメンバーの評価は「自分の仕事の意義を理解できた」，「自分たちの使命が明確になった」，「仕事のモチベーションが高まった」など，総じて良いものでした．これらの評価内容は前出の表8.1に示した「有意義な目的」を満たすものであると思われます．従業員のモチベーションを高めることに主眼を置くだけならば，十分なコンセプト内容だといえるかもしれません．

しかしその一方では，チームメンバーのほぼ全員が「事業コンセプトの内容は良いものだと思うが，自分たちがこの先，具体的に何をすべきかをひらめくには現実感がない」ということでした．これでは新たな知識の生成には至りません．要するに，策定された事業が目指す姿の内容は「いま，自分たちがやっていることを有意義に意味付けた」という域を出ておらず，「意味付けられた内容から，今後の自分たちがやるべきことを見い出す」という点については十分に効果を発揮していないと考えることができます．

67

この現象は，前章で紹介したインターナル・マーケティングの先行研究においても指摘されていたことです．その指摘というのは，「事業が目指す姿の表現内容が抽象的な場合，知識の集約と生成が促進されない恐れがある」というものです．今回の検討において，「自分たちがこの先，具体的に何をすべきかをひらめくには現実感がない」という見解は，その典型的な一例といえるでしょう．

　そこで，策定された事業が目指す姿に対してチームメンバー各人が現実感を持てるよう，リード・ユーザーの考え方を導入することにしました．リード・ユーザーについては次章で詳述しますので，ここでは「当該事業が目指す姿に記された内容に関して，他の誰よりも最前線で自ら創意工夫している個人あるいは集団」とします．リード・ユーザーとは，いわば当該事業が目指す姿の共創者という位置付けです．実際のワークセッションでは「先の事業が目指す姿の内容について，誰よりも早く自分なりに創意工夫してチャレンジしている企業を挙げよ」という質問を提示したところ，ある電動バイクメーカーのベンチャー企業(以後，X社と呼ぶ)がメンバーの総意として挙げられました．

◆ステップ 2.2：与件の整理

　事業が目指す姿の内容に現実感を持たせるべく，以後の検討ではリード・ユーザーX社を念頭に入れて，A社として着目すべき与件の整理を試みました．しかし，実際にやってみると，またしても問題が発生しました．「再生可能エネルギーの需要増加」，「アジア諸国の製造業企業の技術力向上」など，候補としてリストアップされた与件は短期的な市場予測や現在の社会情勢分析など，<u>直近の事柄</u>で多くが占められてしまったのです．バックキャスティングを目指しているにもかかわらず，この事態は直近の事柄を起点としたフォアキャスティングに近いものでした．

　そこで，将来を見通すことを意識付けるために「顧客生涯価値」の考え方を導入して次のように対策を施すことにしたのです．

第8章　理想追求型QCストーリーの手続きが詳細化された経緯

・ステップ2.2.1：取引継続期間の設定

　長期的な顧客関係性構築の重要性を説くマーケティング分野では，「顧客生涯価値」という考え方が重視されています(詳細は第9章で解説します)．本ステップでは，顧客生涯価値の考え方が着目する「取引継続期間」，「年間あたりの取引回数」，「1回あたりの取引単価」のうち，近視眼的な思考になることを回避するために取引継続期間の視点を取り入れ，意図的に長い期間を設定することにしました．チームメンバーに対する具体的な問いかけは，「このリード・ユーザーとどれくらいの年月を共にしたいか？」というものです．検討の結果，事業が目指す姿に記した内容を先のリード・ユーザーと共創するには少なくとも20年をかけたいという見解に至りました．

・ステップ2.2.2：取引継続期間を見通した外部環境分析

P：政治的要因	E：経済的要因
(例)　法規制(規制強化・緩和)，法律改正，政権交代，外交，税制，裁判制度・判例，政治団体の傾向	(例)　GDP成長率，景気動向，鉱工業指数，インフレ・デフレ，金利・為替・株価，失業率，政府系金融機関短観
S：社会的要因	T：技術的要因
(例)　人口動態，ライフスタイル，文化の変遷，世論の関心，社会階級，教育水準，治安・安全保障，宗教・言語，自然環境・気候	(例)　新技術の開発と普及，政府の技術分野への研究投資，技術開発投資レベル，新技術の普及度，特許，実用に向けた課題・年数

図8.2　PEST分析の基本的枠組み

　あらためて与件を整理するにあたり，再び近視眼的な思考に陥ることを防ぐために，先に定めた取引継続期間を考慮するよう促すことにしました．また，与件の整理には外部環境分析として広く知られているPEST分析を用いました．PEST分析とは，「企業を取り巻くマクロ環境のうち，現在ないし将来の事業活動に影響を及ぼす可能性のある要素を把握するため，

外部環境を洗い出し，その影響度や変化を分析する手法」のことです(**図 8.2**)[4]．なお，一般的にPEST分析は，自社を取り巻く外部環境を分析することに用いますが，本書では顧客理解の道具として用いることにしました．チームメンバーに対する具体的な教示としては，「今後20年間を見据えたうえで，先の事業が目指す姿を実現するに至るまでに自社およびリード・ユーザーに起きる可能性があることを，政治(P = Politics)，経済(E = Economics)，社会(S = Society)，技術(T = Technology)の4つの視点から検討せよ」というものです．

理想追求型QCストーリーから見てPEST分析を活用する際のポイントは，「いま起きていること」や「直近で顕在化するであろうこと」ではなく，「取引継続期間の全域を考慮して，今後に備えるべきこと」です．ワークセッションでの検討の結果，「電動バイク市場は社会インフラが十分とはいえない新興国を中心に今後も拡大する」ということがまず予想され，「それぞれの市場で個別最適化されるべき製品仕様をいかに早期に構想し，そして，いかに早期に量産化するか」ということがポイントとして抽出されました．抽出されたポイントは，直近の事柄ではなく，また，A社の製品に直接的に関わる事柄でもありません．ようやく，近視眼的な思考に陥っている様子は見受けられない検討結果になりました．そこで，「それぞれの市場で個別最適化されるべき製品仕様を早期に構想し，早期に量産化すること」をひとまず与件として整理しました．

- **ステップ2.2.3：共創プロセスの設定**

上述の与件をふまえ，A社が20年の取引継続期間の過程で実現する価値の共創プロセスを検討しました．その結果が，第5章で紹介した全3期から構成されたプロセスです．本ステップは，とても重要なポイントが隠されています．

一つ目のポイントは「コト価値」です．昨今，「モノづくりから，コトづくりへ」といった主張が産業界で注目されています[5][6]．この主張は，「モノそのものに備わっている価値(モノ価値)」ではなく，「モノを使用す

第8章 理想追求型QCストーリーの手続きが詳細化された経緯

ることによって生まれる価値(コト価値)」の重要性を説くものです.

ただし,一口にコト価値といっても,図8.3に示すとおり,様々なコト価値が存在します[7].技術力に自信を持つメーカーほど,モノ周辺のコト価値に目を奪われる傾向があります.たとえば,この製品を使うと,どんな気持ちになるのかといった使用中に抱く「感情感覚的価値」や,操作性を始めとする使い勝手に関する「製品使用価値」など,製品・サービスの使用中に限った瞬間的・短期的なコト価値です.UX(ユーザー・エクスペリエンス)の立場からはこのようなモノ周辺のコト価値づくりは重要です.しかし,本書の趣旨からいって,モノ周辺のコト価値はあまりにスケールが小さいといわざるを得ません.製品使用目的そのものを変えるという発想は希薄なため,この種のコト価値発想では新たな価値次元を創造することは困難だからです.

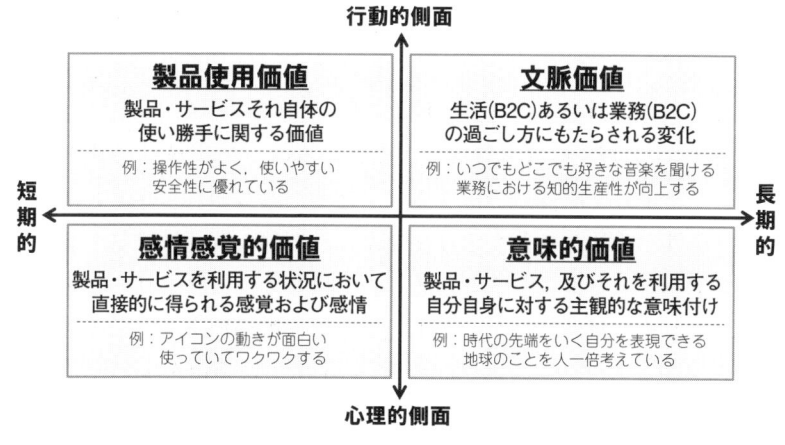

	行動的側面	
製品使用価値 製品・サービスそれ自体の 使い勝手に関する価値 例:操作性がよく,使いやすい 　　安全性に優れている		**文脈価値** 生活(B2C)あるいは業務(B2C) の過ごし方にもたらされる変化 例:いつでもどこでも好きな音楽を聞ける 　　業務における知的生産性が向上する
短期的		長期的
感情感覚的価値 製品・サービスを利用する状況において 直接的に得られる感覚および感情 例:アイコンの動きが面白い 　　使っていてワクワクする		**意味的価値** 製品・サービス,及びそれを利用する 自分自身に対する主観的な意味付け 例:時代の先端をいく自分を表現できる 　　地球のことを人一倍考えている
	心理的側面	

図8.3 コト価値の4分類

価値次元の創造という本書の趣旨から見ると,コト価値の本質は「文脈価値」にあります(図8.3の第1象限).文脈価値とは,道具としての製品・サービスを,顧客が使いこなすことによって生まれる「生活にもたらされる変化(B2C)」あるいは「ビジネスモデルや業務システムにもたらさ

れる変化(B2B)」です[8].以後,コト価値と呼んでいたものを「文脈価値」という語に統一します.

　二つ目のポイントは「共創」です.今日の価値論議では,「価値はモノに初めから備わっている」という立場を取りません.価値は,顧客の使用によって生まれるのです.企業ができることは,「企業がモノに埋め込んだ価値の提供」ではなく,「顧客が価値を実現するための手段の提供」です.企業は「価値の提供者」ではなく,「手段の提供者」に過ぎないのです.一方,顧客も実現手段がなければ単独で価値を実現することができません.価値を実現するためには手段としての道具が必要です.つまり,「道具の提供者である企業」と「道具を使いこなす顧客」の共創によって文脈価値は実現するのです[8].

　三つ目のポイントは「時間軸」です.詳細は第9章の「顧客シェア」の節で解説しますが,80年代以降のマーケティングにおいて最も重要なことの一つに,長期にわたる顧客との良好な関係性を構築することが挙げられます.「短期的な関係」ではなく,「長期的な関係」を構築することの重要性です.その狙いは,自社が提供する製品・サービスが売れ続けることにあります[9].文脈価値を創造しようという際,モノ単品の使用ですぐに実現してしまう文脈価値では「ありがとう.おつかれさま」と顧客にいわれて関係性が途切れるとも限りません.長期的な関係性構築の鍵は,モノ単品で文脈価値を創造しようとするのではなく,モノとサービスを多面的に組み合わせて長期にわたって実現できる文脈価値を考えることにあるといえるでしょう[10][11].そして,そのような文脈価値を実現するための道具を継続的に提供していくことが売れ続けるための鍵となります.

　ここまでのところで,「文脈価値」,「共創」,「時間軸」という3つのポイントを挙げました.これらをまとめると,革新的な価値の創造には,「長い時間をかけて,道具としての製品・サービスを継続的に提供することによって,顧客にどのような生活上(ビジネスモデルあるいは業務上)の変化をもたらすか」という文脈価値の発想が求められます.その問いの答えこそ,まさに新たな価値次元に相当するのです.

第8章 理想追求型 QC ストーリーの手続きが詳細化された経緯

たとえば,当初は PC 上で自分の好きな音楽アルバムを保存して視聴していたユーザーが,iTunes によって自分好みのアルバム編集ができるようになり,iPod の登場によってそれらを外に持ち出せるようにした Apple の系譜は,「自分が好きな音楽を,好きなだけ,いつでもどこでも楽しむ」という文脈価値を実現するための道具(製品・サービス)を時間をかけて継続的に提供した系譜といえるでしょう[7].iTunes,iPod はいずれも文脈価値を実現する手段であり,文脈価値の実現という観点から見ると製品ハードとサービスを区別する意味は全くありません.長期展望に立った文脈価値を実現するためには,1つの製品ハードではどうしても不十分であるため,製品ハードとサービスを組み合わせて提供することが重要になるといえます.

魅力的な文脈価値は,既存顧客を魅了して離さず,継続的に自社製品・サービスを受け入れることを可能にします.実際,Apple が提案する文脈価値に共感したユーザーは Apple から離れることなく,その時点でApple がベストと考える道具を今も買い続けていることはみなさんご存じのとおりです.そのプロセスは「道具の提供者としての Apple」と「道具を使いこなす顧客」による価値の共創プロセスといえます.

理想追求型 QC ストーリーでは,取引継続期間を長尺で設定し,その全期間を通じて実現する文脈価値を「共創プロセス」として描くことによって,そのプロセスに必要な道具としての製品・サービスのアイディア発想を促すことを目指すことにしました.

- **ステップ 2.2.4:新規要求項目アイディアの導出**

共創プロセスの各期ごとに,リード・ユーザーが要望するであろう具体的な事柄を可能なかぎりリストアップすることを試みます.ただし,わが国の製造業には製品ハードの機能や性能で競争を勝ち抜こうとする根強い価値観があり[12],私たちにはすぐにモノに落とし込みたがる悪いクセがあるようです.このクセを放置しているかぎり,商品開発の取組みは必然的に開発設計部門が保有する経営資源を基軸とした製品ハードづくりが中

心になり，第Ⅰ部で提起したモノ偏重の差別化が再燃する恐れがあります．そこで，顧客ニーズを検討する際に，製品ハードに近すぎる議論を抑える措置を講じることにしました．「要求項目」と「要求品質」の導入です．

「要求項目」と「要求品質」は，どちらも顧客ニーズに関する品質管理分野の用語であり，前者の要求項目とは「顧客の声(VOC)など，原始データから抽出(推測)される項目で，要求品質に変換する一歩手前で発想を誘発するための項目」のことをいいます．一方，後者の要求品質は「要求項目のうち，企業が提供する製品・サービスの機能に関する要求」を意味します[13]．「要求項目」は自社の製品・サービスが充足するとは限らない要求・期待の全てですから，「要求項目の検討」とは，製品ハードの機能の検討というより，顧客が実現したいこと全般に関する検討といえます．その後，そのような要求項目を実現する手段として企業側が提供する財の性質や性能を検討することによって，「要求品質」が定まります(**図8.4**)．

≪要求項目≫
顧客の声(VOC)など原始データから抽出(推測)される項目．
要求品質に変換する以前の，自社製品・サービスが充足するとは
限らない要求・期待のすべて．

≪要求品質≫
要求項目のうち，企業が提供する製品・サービスの機能に関する要求．
顧客の要求項目を実現する手段として企業側が提供する財の性質や性能．

図8.4 「要求項目」と「要求品質」

モノ志向が強い企業ほど，即座に要求品質を考える傾向があることが指摘されていることから[14]，要求項目を検討するステップと，要求品質を検討するステップを明確に分け，当該ステップでは意識的に要求品質に関する議論を排し，要求項目に集中して検討することにしました．つまり，「モノ寄りのニーズ」ではなく，「顧客のコト寄りのニーズ」に着目するこ

第8章 理想追求型QCストーリーの手続きが詳細化された経緯

とに当該ステップでは重きを置いたのです．要求項目と要求品質を明確に分けて前者の要求項目に特化した議論は，すぐにモノに落とし込みたくなる悪いクセを抑え，現行製品・サービスに囚われずに発想するうえで有効であったと思われます．

なお，本来の「要求」という意味は，なくてはならない「必要性」を指すものです．ただし，顧客の要望には「要求(必要性)」だけでなく，なくても仕方ないが，有ったら嬉しいという「期待」も存在します[13][14]．将来の顧客価値を検討する場においては，必要性だけの議論だけでは効果が限定的だと考え，理想追求型QCストーリーでは「要求項目」という用語を，なくてはならない「要求」という意味に限定せず，有ったら嬉しいという「期待」の意味も含めた語として用いることにしました．一時は「要求・期待項目」という呼称を用いていたのですが，むやみに用語を増やすべきではないと考え，要求と期待の両方を取り扱う用語として「要求項目」を用いることにしました．

本章で取り上げたB2Bの事例の場合，検討の結果して図5.4に示した新規要求項目アイディアをリストアップするに至りました．これらの中から，「顧客から見た重要度」と「X社にかぎらず多様なユーザーが今後のニーズとして顕在化させる可能性(＝水平展開可能性)」，さらに「自社による実現可能性」という各観点について検討を加え，まずは共創プロセス第1期の「構想の早期量産化」の実現に向けて「サプライヤ選択の自由度を上げる」が一番適した要求項目(重点要求項目)として選定しました．

以上のように，大枠としての4ステップの「ステップ2：与件の整理」は，「リード・ユーザーの選定→取引継続期間の設定→取引継続期間を見通した外部環境分析→共創プロセスの設定→新規要求項目アイディアの導出」というステップに詳細化されたのです．

■ステップ3：組織内部の知識の集約

第7章でインターナル・マーケティングを概説したとおり，組織的な知

識の集約と生成を促すには「部門横断的な目標」の存在が重要になります．先の要求項目は，まさに部門横断的な目標として相応しいものです．要求項目は「自社が充足できるか否かを問わず，顧客の要求・期待のすべて」であり，仮に充足しようという場合は特定一部門で実現できるものではない可能性があるからです．逆にいうと，特定一部門では実現しえない要求項目を設定できるかが鍵になるといえます．

B2Bの事例の場合，「サプライヤ選択の自由度を上げたい」という新たな重点要求項目に対して，その実現に関わりうる経営資源として電力を安定的に供給するための基盤となる「高性能アナログ技術」とマイコンなどを用いた出力電圧の「デジタル制御技術」，デジタル制御された入出力情報を効率的に最適化するためのインターフェースに関わる「データ通信技術」，「変種変量生産システム」など，それぞれ異なる部門が保有する経営資源が様々にリストアップされました．このように，要求項目は部門を超えて共有できる目標として，各部門の知識集約を効果的に促す役割を担うことが期待されます．

■ステップ4：新たな知識の生成

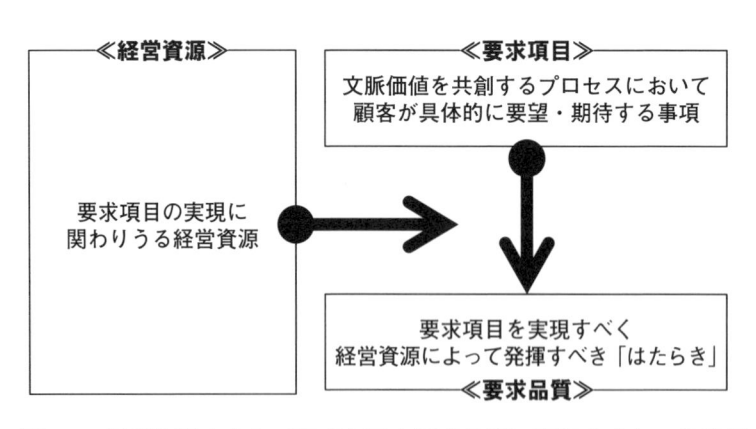

図8.5 経営資源を介して要求項目を要求品質に変換するという発想

第8章　理想追求型QCストーリーの手続きが詳細化された経緯

本ステップで大事にすべきことは，「要求項目」の実現を目指して，その実現に関わりうる「経営資源」を任意に組み合わせて，具体的に何ができればいいのかという「はたらき」を丁寧に検討することです(**図 8.5**).

◆ステップ 4.1：新規要求品質アイディアの導出

「ステップ 2.2.4　取引継続期間を見通した外部環境分析」において選定された重点要求項目を実現すべく，「ステップ 3　組織内部の知識の集約」でリストアップされた経営資源を用いて具体的に何ができるかを検討しました．その際，「経営資源を介して要求項目を要求品質に変換する」という趣旨をチームメンバー全員に浸透させるため，このことを視覚的に強調した図 8.5 に示す表現フレームを用いて検討しました．

事例の場合，「サプライヤ選択の自由度を上げる」という要求項目を実現すべく，「高性能アナログ技術」と「デジタル制御技術」，「データ通信技術」といった経営資源を用いて，自分たちに何ができるかを検討した結果，「構成パーツの組み合わせ特性を電源が調整・カスタマイズする」という全く新しい要求品質アイディアが導出されました．

◆ステップ 4.2：新製品・サービスの考案

上記の新規要求品質アイディアをもとに具体的な「財」としての新製品・サービスの考案を試みます．事例の場合，考案された新製品・サービスのアイディアは，電動バイクを構成するモータやバッテリーなどのパーツが様々なサプライヤから供給されることに着目し，サプライヤごとに違いのある各パーツの特性値の変動を電源装置が読み取り，顧客企業の要求仕様のパフォーマンスを実現するようにパーツ間の特性をチューニングするというものです．

たとえば，あるサプライヤの手掛ける ECU (Engine Control Unit) を搭載した場合，どのサプライヤのモータを採用するのかによって ECU の特性は異なります．このような構成パーツの組み合わせ特性を電源が調整・カスタマイズするという新しい製品です．このほかにも，細部にわたる顧

```
事業が目指す姿の策定と共有
        ↓
   リード・ユーザーの選定
        ↓
    取引継続期間の設定
        ↓
取引継続期間を見通した外部環境分析
        ↓
     共創プロセスの設定
        ↓
  新規要求項目アイディアの導出
        ↓
    組織内部の知識の集約
        ↓
  新規要求品質アイディアの導出
        ↓
     新製品・サービスの考案
```

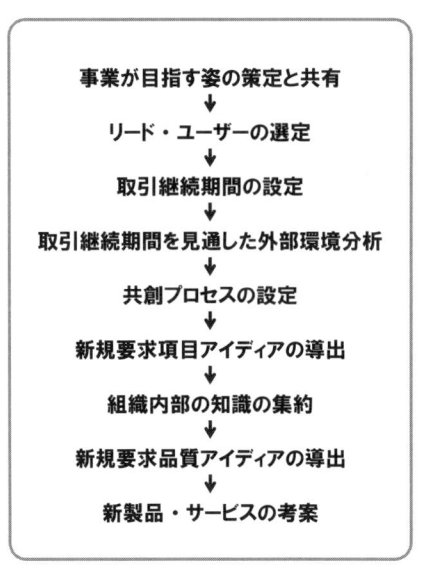

図 8.6 詳細化の結果としての「理想追求型 QC ストーリー」

客のカスタマイズ要求を的確かつ迅速に把握するための営業コミュニケーションツールの開発や，A 社の変種変量生産システムを活かした即納システムの構築など，製品構想の早期仕様化および量産化という共創プロセスの第一弾を実現するに相応しい様々な方策が考案されました．

以上のような経緯を経て，インターナル・マーケティングの大枠としての 4 ステップは，**図 8.6** に示すステップ構成として詳細化されるに至ったのです．

[参考文献]

[1] 加藤雄一郎・松村喜弘(2014)：「理想追求型 QC ストーリー：バックキャスティング思考に基づき製品・サービスを創造する新たな手続き」，『市場創造研究』，Vol.3, pp.29-41, 日本市場創造研究会.

[2] Porter, M. E. and M. R. Kramer(2011)： "Creating Shared Value", *Harvard Business Review*, Vol.89, No.1/2, pp.62-77, Havard Business School Press.

[3] Blanchard, K.(2007)：*Leading at Higher Level*, 1st Edition, FT Press.

[4] Kotler, P.(2001)：*Marketing Management : Millennium Edition*, 10th edition, Person Education Company.

[5] 新木廣海(2005)：『日本コトづくり経営』，日経BP社．

[6] 内平直志(2006)：「製造業のサービス特徴と知識処理技術の役割」，『東芝レビュー』，Vol.61, No.12, pp.2-7, 東芝技術企画室．

[7] 加藤雄一郎・松村喜弘(2014)：「文脈価値の継続的創造をもたらすコンセプトの特徴」，『市場創造研究』，Vol.3, pp.5-18, 日本市場創造研究会．

[8] Vargo, L. S. and R. F. Lusch(2004)："Evolving to a New Dominant Logic for Marketing," *Journal of Marketing*, Vol.68, No.1, pp.1-17, American Marketing Association.

[9] 青木幸弘(2011)：『価値共創時代のブランド戦略：脱コモディティ化への挑戦』，ミネルヴァ書房．

[10] 吉田孟史(2008)：「消費世界の変貌－サービスからコトづくりへ－」，『日本情報経営学会誌』，Vol.29, No.3, pp.29-36, 日本情報経営学会．

[11] 東利一(2013)：「新たな需要を創造するコト・マーケティング：未来起点の顧客対応」，『季刊マーケティングジャーナル』，Vol.32, No.3, pp.33-46, 日本マーケティング協会．

[12] 圓川隆夫(2006)：『我が国文化と品質－精緻さにこだわる不確実性回避文化の功罪－』，日本規格協会．

[13] 大藤正・小野道照・永井一志(1997)：『QFDガイドブック－品質機能展開の原理とその応用－』，日本規格協会．

[14] 赤尾洋二・吉澤正監修，新藤久和編集(1998)：『実践的QFDの活用－新しい価値の創造－』，日科技連出版社．

第9章
理想追求型QCストーリーに欠かすことのできないキーワード

　前章ではインターナル・マーケティングの大枠が理想追求型QCストーリーとして詳細化された経緯を紹介しました．本章では，理想追求型QCストーリーを説明する際に重要となるキーワードを紹介します．

■キーワード1：リード・ユーザー

　一つ目のキーワードは，リード・ユーザーです．理想追求型QCストーリーでは，事業が目指す姿に対してチームメンバー各人がリアリティを持てるようにリード・ユーザー概念を導入しました．
　リード・ユーザーとは，「市場で今後一般的になるであろうニーズに誰よりも早く直面していて，そのニーズを満たすべく自分なりに創意工夫している個人あるいは集団」をいいます（**表9.1**）[1]．

表9.1　リード・ユーザーとは

1）市場で今後一般的になるであろうニーズに誰よりも早く，いま直面している
2）ニーズを充足することによって大きな便益を得ることができる状況にいる
3）ニーズを満たす行動を自ら進んで行っている何らかの有益な方策を見い出している場合もある

第9章　理想追求型 QC ストーリーに欠かすことのできないキーワード

　リード・ユーザー法という製品開発を確立したのは 3M だったといわれています．外科手術で用いられる感染防止用の，ドレープと呼ばれる専用の被布の開発事例が有名です[2]．既存の感染防止用品はコストが高く，保険制度が発達していない発展途上国で使用することは困難でした．さらに，これらの国々は医療水準も設備も十分ではなかったため，手術現場の衛生管理もままなりませんでした．そこで 3M はこれらの問題を解決するために，安価で効果的に感染防止する製品の開発に取り組んだのです．そのときに用いたのがまさにリード・ユーザー法でした．過酷な衛生状況であるにもかかわらず，低コストで医療活動を実践しているリード・ユーザーから知見を得ようとしたのです．選ばれたリード・ユーザーは，世界最先端の外科医ではありません．動物病院の獣医でした．獣医が相手にする動物たちは常に裸の状態で毛むくじゃらです．風呂に頻繁に入るわけでもないため，泥やほこりにまみれて明らかに衛生的ではありません．さらに，動物たちは健康保険に加入しておらず，医療にかかるコストも抑えなくてはなりません．そのような状況下で，感染を防止しながら安価な手術を行っている獣医はまさに 3M が求める創意工夫の持ち主だったのです．3M の開発チームはリード・ユーザーの創意工夫を自分たちの新製品に取り入れた手術キットを開発することに成功しました．

　また，3M のリード・ユーザー法では医療用画像解析製品の開発も知られています．患者を健康にするためには体の不調の原因を早期にそして正確に探し出すことが重要であり，早い段階で腫瘍を正確に検知することが求められていました．当初，3M の開発チームは画像の解像度を飛躍的に高めることを目標にしていたのですが，検討を進めていくうちに彼らが辿り着いたリード・ユーザーは解像度の高度化を目指す専門家ではなく，軍で働くパターン解析の専門家だったのです．彼らは軍事偵察の専門家から木の下に見えるものが岩なのか，あるいは弾道ミサイルの先端部分なのかの判別を求められていました．3M の開発チームは，これを医療に応用することによって，体内の異常が腫瘍であるかどうかを判別できると考えたのです．開発チームが得るべき知見は，高解像度画像の実現ではなく，腫

瘍発見に役立つ重要パターンを解析する方法だったのです．
　かつての時代，イノベーションの担い手は製品ハードのつくり手であるメーカーという考え方が一般的でしたが，70代後半に入ると，ユーザー・イノベーションという新たな考え方が登場しました．「先進的なユーザーの中には，自らイノベーションを起こすユーザーが存在する」というものです．リード・ユーザー法とは企業の製品開発にユーザー・イノベーションを取り入れたものであり，ユーザー自身による創意工夫を自分たちの次世代製品・サービスに効果的に活かす方法論です．

事業コンセプトの趣旨に最も果敢に挑んでいるのは誰か
　これまで紹介したいくつかの例からわかるとおり，リード・ユーザー法を用いる際，企業側にはすでに開発テーマがあります．たとえば「感染防止ドレープの開発」，「医療用画像解析製品の開発」といった具合です．この場合，リード・ユーザーとは，開発テーマについて誰よりも先行した何らかの知見を有するユーザーということになります．
　ただし，理想追求型QCストーリーにおいては，開発テーマありきの立場をとりません．むしろ，開発テーマを新たに導出するために，理想追求型QCストーリーを用いるのです．開発テーマは，一連の思考プロセスを経て導出されるものです．その点で理想追求型QCストーリーにおけるリード・ユーザーは，3Mなど前述の事例とは位置付けが異なります．
　理想追求型QCストーリーにおいて先立つものは，開発テーマではありません．先立つものは，事業コンセプト，つまりは事業が目指す姿です．「市場で今後一般的になるであろうニーズに誰よりも早く直面していて，そのニーズを満たすべく自分なりに創意工夫している個人あるいは集団」という前述のリード・ユーザー定義を理想追求型QCストーリーに即していい換えると，リード・ユーザーとは，「当該事業が目指す姿に記された内容に関して，それを実現すべく他の誰よりも最前線で自ら創意工夫している個人あるいは集団」，「事業コンセプトについて誰よりも果敢に挑戦している個人あるいは集団」であり，企業から見て事業が目指す姿の共創者

という位置付けになります．そのような個人あるいは集団を対象にした検討の結果として，「取組むべきは何か」という開発テーマに相当するアイディアが導出されることを期待します．リード・ユーザーとは要するに，事業の発展に有用なヒントを与えてくれる先進ユーザーといえるでしょう．

■キーワード２：スクリプト

　二つ目のキーワードは，スクリプトです．理想追求型QCストーリーでは，リード・ユーザーに対して当該事業が関わる範囲として「共創プロセス」を設定することにスクリプトを用いています．スクリプトとは，「ある目的を達成するための，一連の行為の系列」です．ある目的を達成するためのプロセスを表現したものといえます．筆者がスクリプトという考え方に出会ったのは，大学院修士１年の時に受講した人工知能概論です．人間の手続き的知識を表現する技法としてスクリプトを教わりました．一見すると本書の趣旨とは関係ありませんが，大学院卒業後に入社した広告会社のマーケティング企画業務で筆者は好んでスクリプトを活用しました．

　もうかれこれ20年以上前の話になりますが，当時，新たなヘアケア製品の企画案件に携わった時，企業の商品企画担当者とのある日の会議の中で，ある競合企業の新商品が話題にのぼりました．その競合企業は，コンディショナーが特に好評な強いブランドを持っていました．同ブランドは，シャンプー，コンディショナー，トリートメントを揃え，20〜30代の有職女性に広く受け入れられていました．そのブランドが新たに入浴剤を投入したのです．会議では，このブランドがなぜ入浴剤を発売するに至ったのかで話題がもちきりになりました．ちょうどその時，ヘアケアに関するユーザーインタビュー調査を実施している時でした．会議での盛り上がりを受けて，「翌日の調査対象者は，ちょうどその競合ブランドの愛用者だから，当初の調査計画とは別にいろいろ聞いてみよう」ということになりました．筆者もインタビュアーの一人として，その調査に立ち会い，調査対象者にいろいろ聞いてみました．

本人は毎日のバスタイムを大切にしていて，本人にとってのバスタイムの意味合いは「私へ．今日も一日おつかれさま．明日もがんばろうね．」と自分を慈しむ大切なひとときでした．そんな本人にとって，一連のバスタイムの中でも特に重要なのは「トリートメントを洗い流す時」と「湯船に浸かっている時」でした．前者は，洗顔料やボディソープ，シャンプーなど様々な剤が明日の自分のための準備として関わる中，最後に関わる剤（トリートメント）を洗い流す時が，「いよいよ明日に向けて自分を仕上げてる感がある」という理由で重視されていたのです．そして，後者の「湯船に浸かる」は，仕上がった自分を深く実感するうえで重要とのことでした．このユーザーはさきの競合銘柄を愛用しており，例の新商品も使い始めていました．その時，筆者は学生時代に学んだ「スクリプト」をふと思い出し，その場で描いてみたものが**図 9.1** のバスタイム・スクリプトです．

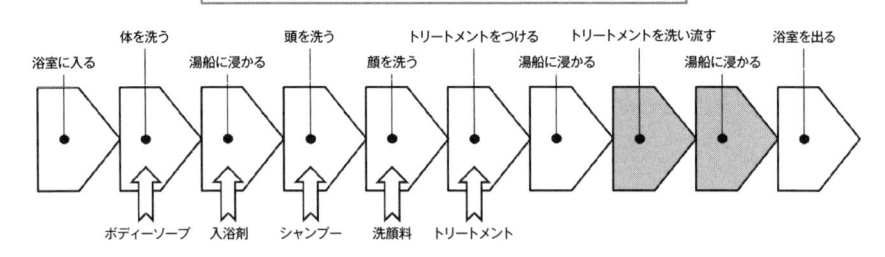

図 9.1　バスタイム・スクリプト

　話を整理します．スクリプトとは，ある目的を達成するための行動プロセスを表現したものです．この女性の場合，目的は「私へ．今日も一日おつかれさま．明日もがんばろうね．」と自分を慈しむこと．これはスクリプトのタイトルに相当します．一連のスクリプトはいくつかのイベントから構成されますが，その中でも「トリートメントを洗い流す」と「湯船に

第9章 理想追求型 QC ストーリーに欠かすことのできないキーワード

浸かる」という2つのイベントは目的に対する寄与度が大きかったのです．前者は「バスタイム・スクリプトに登場する様々な剤のうち，最後に使用するトリートメントを洗い流す＝明日に向けた準備完了」という意味で重視され，後者は「湯船に浸かる＝その余韻に浸る」という点で重要でした．トリートメントに強みを持つこの競合ブランドは前者において重要な役割を果たしているゆえ，この女性は同ブランドに強い思い入れを持っていたと考えることができます．では，この競合ブランドが新たに入浴剤を投入した意図はどのように説明できるか……しばし考えてみました．

（1）「スクリプトを占有する」という発想

　もし私がこの競合ブランドの企画者で，このユーザーから感謝される度合いを高めたいと望むなら，つまり，このユーザーから見て自分たちのブランドがなくてはならない度合いを高めようと思ったなら，スクリプトにおいてユーザーが重視している既存イベントに応える製品・サービスを新たに検討するでしょう．さらに，いまはないイベントを新たに創造してスクリプト目的の達成度合いを飛躍的に高める新製品・サービスを検討するでしょう．競合ブランドが入浴剤を投入した意図はスクリプトで説明できるのかもしれません．そうなると，次に興味が湧くのは一連のスクリプトの「始まり」と「終わり」です．自分を慈しむという目的に着目するなら，スクリプトの終わりは果たして「浴室を出る」で良いのでしょうか？　実は当人のスクリプトはそのまま続いており，たとえば「ベッドに入って消灯する」を終わりに考えるべきなのではないでしょうか？　そうだとすると，拡張されたスクリプトにおいて競合ブランドが新たな手に打って出てくるとすれば，それは何でしょうか？

　理想追求型 QC ストーリーにおいて，関わる範囲を決めた後にその中で当該事業は何をしてあげられるかという発想は，こうして生まれたのです．

(2)「自社固有の技術でいかにスクリプトを占有するか」という発想のコア技術戦略

独自のコア技術を用いて「美容家電」と呼ばれる新カテゴリを創造した家電メーカーの取組みを，スクリプトの観点から考えてみたいと思います．同社は，水に包まれた微粒子イオンを用いた独自のコア技術をテコに，様々な製品にバリエーションを拡大しました．

同社が掲げたコンセプトは，「忙しい人を，美しい人へ」です．日々を忙しく過ごしている女性を対象に，**図 9.2** に示す「身繕いスクリプト」を打ち立てたと考えることができます．美しくなるためにさらに新たなケア行為を施すのではなく，いつもの行為のまま，特段の手間をかけることなく美しくあり続けるという「ながらビューティ」を方針としています．

同社は，ヘアドライヤーを皮切りに，ナイトスチーマーなどの先のコア技術を搭載した製品を次々とスクリプト実現手段として市場投入し，美容家電と呼ばれる一大ジャンルを創造することに成功しました．その後，スクリプト範囲は家中に留まらず，外出先も取り入れて範囲を拡大し，ハンディスチーマを新たなスクリプト実現手段して提案し，製品ラインナップをさらに充実化させています．今後も継続的に同コア技術を用いた魅力的

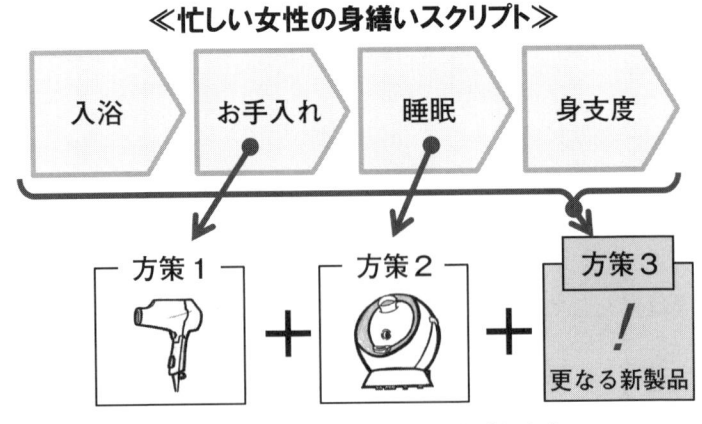

≪忙しい女性の身繕いスクリプト≫

入浴 → お手入れ → 睡眠 → 身支度

方策1 + 方策2 + 方策3（更なる新製品）

図 9.2　コア技術によるスクリプト占有

な製品が生まれることが期待されます．

技術経営分野(MOT：Management of Technology)において，独自のコア技術を多様な製品ジャンルに展開する「コア技術戦略」の重要性が説かれていますが，同社の取組みはスクリプトを高度に実現する手段の充実化という観点から製品バリエーションを効果的に展開した好例といえます．

（3） 関わる範囲の拡張による「製造業のサービス化」

さきほどの例はあくまで製品ハードの多様な展開ですが，展開される対象はモノに限らない例もあります．建設機械メーカーのコマツは，図9.3のように，時間をかけて商品戦略の変遷を辿っています．当初の「製品本体の高品質化」に加え，製品納入後の「製品のサポート」に関わる範囲が広がりました．建機稼働状態を遠隔でモニタリングできるシステムであるKOMTRAXの導入によって，製品が顧客の手に渡った後も製品をサポートできるようになりました．ただし，「製品のサポート」というレベルまでならば，自動車や複合機など様々なジャンルで実例があります．コマツの真骨頂はさらに次の段階として「顧客のサポート」へと関わる範囲を拡大したことです．上述の稼働データは，顧客側の施工の生産性向上を支援

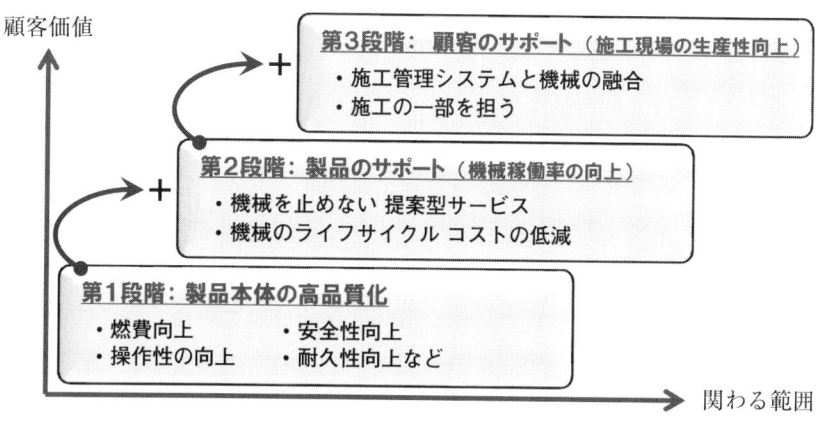

図9.3　コマツにおける商品戦略の変遷

することに活用されています.「製品のサポート」からさらに「顧客のサポート」に発展したサービス・イノベーションの象徴的な一例といえるでしょう.

　上記の変遷をスクリプト表現で考えてみたいと思います.油圧ショベルを例にすると,製品そのものの性能向上に注力していた時代は主として顧客側の「掘削工程」に目が向けられていたと考えられます.現場の掘削状況に見合う高性能かつ高品質なモノづくりが進められていました.ただし,掘削工程というのは,顧客にとって一連のプロセスの一部に過ぎません.「顧客から見て,自分たちがなくてはならない存在になる」ということを目指すコマツが,掘削工程以外の施工プロセス全体を見ようとするのは当然だったといえます.

　また,「施工プロセス」というのは1つのプロジェクトをプロセスとして表現したものですが,顧客(土木業者)の立場からすれば,「そのプロジェクトさえうまくいけばよい」ということではなく,あるプロジェクトから次のプロジェクトへと継続していくことが重要になります.つまり,顧客の事業の成長を考えれば,1プロジェクトの施工プロセスだけを見ていればよいということにはなりません.顧客内部における技術開発や人材育成など「事業の継続性」へと着眼すべきことが広がっていきます.このように目線を上げて,「自分たちの事業は顧客の何に関わるのか」という「自分たちコマツに何ができるか」,「コマツは何をすべきか」といった検討を行うことは,魅力的な製品・サービスを継続的に創造する上で極めて重要です.関わる範囲を広げることによって,自ずと同社の売り物は増えていきます.もちろん,屋台骨は建設機械です.しかし,建設機械だけで高次スクリプトを実現することはできません.建設機械を核に,情報やシステム,仕組みなど様々なサービスへ広がっていくのです.関わる範囲の拡張によって,製造業は自ずと単なる製造業では収まらなくなる……「製造業のサービス化とは何か」についてコマツは身をもって私たちに示しているといえるのではないでしょうか(**図9.4**).

第9章　理想追求型 QC ストーリーに欠かすことのできないキーワード

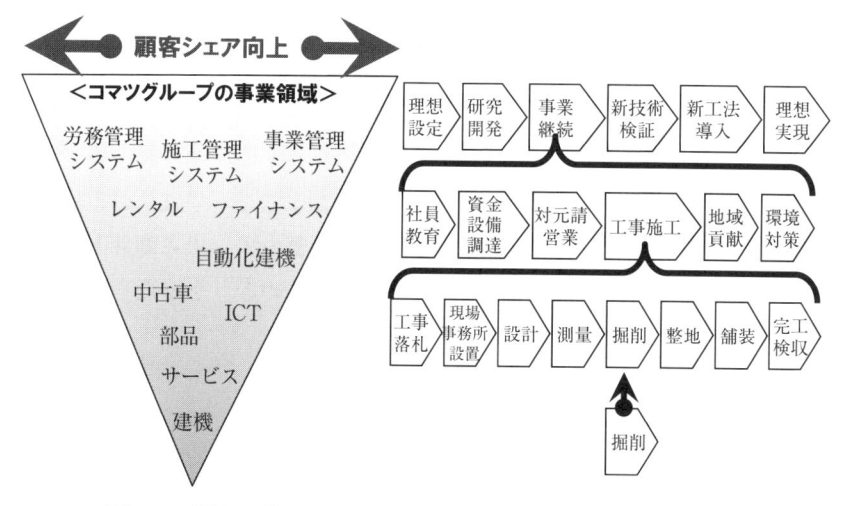

図 9.4　関わる範囲の広がりがもたらす「売りモノ」の拡大

（4）　スクリプトを定めるとは，新製品・サービスをひらめく思考範囲を定めるということ

　先の家電メーカーと建機メーカーの例は，われわれにとても大切なことを示唆しています．それは，スクリプトという名の，顧客のどこからどこまでに関わるのかという「関わる範囲」の規定は，今後の新製品・サービスを発想する際の思考範囲として機能するという点です．つまり，〈スクリプト（関わる範囲）の設定＝新製品・サービスを発想する思考範囲の設定〉ということです．

　極端ないい方をすれば，その範囲の中でしか製品・サービスのアイディアは生まれません．ひらめきの拠り所としてのスクリプトを狭く設定すれば，たとえどれだけ優れた技術を保有していたとしても，その狭い範囲の中でしか新たな発想が生まれない恐れが非常に高くなります．もし，スクリプトの範囲を超えたアイディアが生まれるとすれば，それは「思いつき」であって，「ひらめき」ではありません．「思いつき」と「ひらめき」は似て非なるものです．新たなアイディアの生成という点で両者は共通していますが，前者の「思いつき」はアイディア生成の根拠を問われた際に

89

根拠を示すことができない思考であるのに対し，後者の「ひらめき」はアイディア生成の根拠を示すことができる思考と言われています[3][4]．無論，思いつきも重要です．しかし，それができるのは一部の創造性のある人々に限られます．筆者の願いとしては，一人でも多くの，できれば全ての組織構成員が，斬新なアイディアを考案できるようになってほしいと思います．そのためには，ひらめくための手立てが必要です．思考範囲としてのスクリプトが一人でも多くの組織構成員に「ひらめき」をもたらす一助になることを願っています．

■キーワード3：顧客シェア

前項で述べたとおり，「スクリプトを定める」とは，当該事業が生み出すべき「製品・サービスをひらめく思考範囲を定める」といえます．スクリプト設定の巧拙は，理想追求型 QC ストーリーを用いた検討の成否を決定的に分かちます．その際，顧客シェアという考え方が大変有用です．

顧客シェアとは，「ある顧客が購入した特定の商品の購入金額に対する自社商品の割合」をいいます[5]．「ウォレット・シェア」とも呼ばれています．たとえば，ある人が1年間にコーラを2万円分飲み，その全てがコカ・コーラだった場合，コカ・コーラは顧客シェア100％ということになります．また，コカ・コーラに14,000円分を，ペプシコーラに6,000円分を使っていれば，コカ・コーラの顧客シェアは70％，ペプシコーラの顧客シェアは30％になります．

（1） 顧客シェアが登場した背景

顧客シェアという新たなマーケティング達成尺度が誕生した背景には，マーケティング分野における〈Selling → Marketing → Branding〉というパラダイムの変遷が大きく関わっています．Selling（プロダクト・アウト）と Marketing（マーケット・イン）は，生産者志向と市場志向という立場の違いはありますが，目指すところは取引量の最大化です．市場におけ

```
Selling    ：できたものを 売る 戦略
   ▼ ＝プロダクト・アウト
Marketing ：ニーズに合ったものを 売る 戦略
   ▼ ＝マーケット・イン
Branding  ： 売れ続ける ための戦略
```

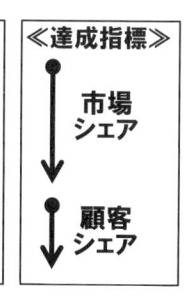

≪達成指標≫
市場シェア
↓
顧客シェア

マーケティングの強調点が
"取引" から "関係性" へ移行
（売れる）　（売れ続ける）

図 9.5　マーケティングパラダイムの変遷

る自社占有率を表す「市場シェア」がマーケティング達成尺度として重用されてきました(**図 9.5**)[6].

　かつての時代は，市場シェアを高めることがそのまま企業の収益に直結していました．しかし，市場が成熟化し，新興企業が技術力を高めた結果，やみくもな市場シェア追求は，かえって事業の収益性を落とすという皮肉な現象が様々な業種で発生し始めたのです．この背景を受けて，新規顧客の獲得だけではなく，既存顧客の維持・強化が重要視されるようになりました．最大の関心事が「取引量の最大化」から，「長期にわたる顧客関係性の最良化」にシフトしたのです．そこで「市場シェア」に替わる新たなマーケティング達成尺度として登場したのが「顧客シェア」です．

（2）　市場シェア vs 顧客シェア

　市場シェアと顧客シェアの決定的な違いは，「何を占有するのか」という占有対象の違いです．市場シェアとは，市場全体に占める自社製品・サービスの占有率です．「市場」を占有することに主眼を置きます．一方の顧客シェアは，「重要顧客の財布」を占有することに主眼を置きます．顧客シェアを重視する立場は，市場の全員を相手にしません．「重要な特定

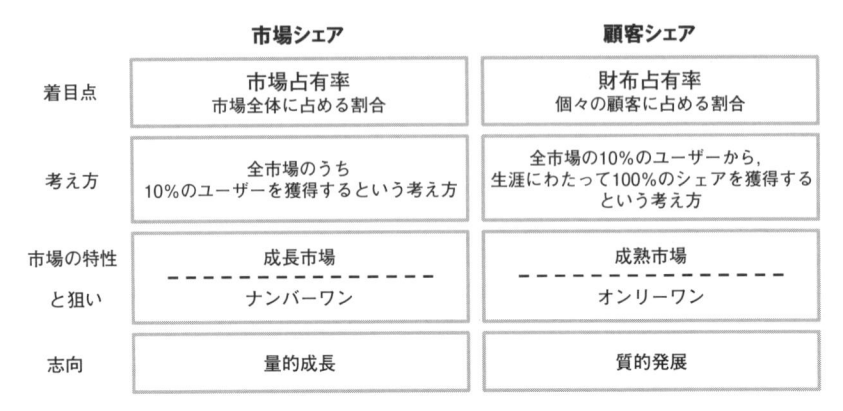

	市場シェア	顧客シェア
着目点	市場占有率 市場全体に占める割合	財布占有率 個々の顧客に占める割合
考え方	全市場のうち 10%のユーザーを獲得するという考え方	全市場の10%のユーザーから， 生涯にわたって100%のシェアを獲得する という考え方
市場の特性 と狙い	成長市場 －－－－－－－－－－－－－－－ ナンバーワン	成熟市場 －－－－－－－－－－－－－－－ オンリーワン
志向	量的成長	質的発展

図 9.6 「市場シェア」と「顧客シェア」

顧客しか相手にしない．ただし，その重要顧客については財布の100%を狙いにいく」という考え方です(**図 9.6**)．

　市場シェアの追求は成長市場においては有効です．しかし，成長が鈍化した市場，あるいは成熟段階にある市場においては，市場シェアを無理に狙いにいくと，価格圧力によって事業の収益性を落とすリスクが高まることが指摘されています．成熟市場においては，市場における顧客規模を無理に追い求めるのではなく，限られたターゲット顧客からの受取対価の最大化を目指す「顧客シェア志向」の有効性が説かれています[5][6]．

　市場シェアと顧客シェアでは，スローガンが違います．市場シェアを重視する立場では，「ナンバーワン」になることがスローガンになります．一方，顧客シェアを重視する立場では，「オンリーワン」になることが最も重要な価値観になります．顧客から見て自分たちがなくてはならない度合いを高めることが重要な着眼点になります．ドラマの台詞でいえば，「あなたなしでは生きていけない」ということになるのでしょう．このように，顧客シェアは市場シェアに対峙する新たな観点です．

(3)　顧客シェア志向の肝は「分母」の設定

　一口に顧客シェアといっても，**図 9.7** のように表現形態は様々です．た

とえば，普段は缶コーヒーを一日3本飲み，コーラ飲料は年に10本程度しか飲まない人がいたとします．ただし，その人は年10本のコーラ飲料はすべてコカ・コーラだとしましょう．その場合，パターン3の指標はほとんどゼロに近くなります．一方でパターン1の指標は100%なのですが，この数値に何の意味があるのでしょうか．このように，分母の取り方一つで，顧客シェアは大きく変動します．パターン3でもなお，コカ・コーラの顧客シェアが高い場合，その人は明らかにコカ・コーラに対するロイヤルティが高いといえるでしょう．

<顧客シェアとは>
ある顧客が購入した特定の商品の購入金額に対する自社商品の割合．別名 「ウォレット・シェア」

(パターン1)
顧客シェア＝ 年間のコカ・コーラ購入金額 / 年間のコーラ購入金額

∨

(パターン2)
顧客シェア＝ 年間のコカ・コーラ購入金額 / 年間の炭酸飲料購入金額

∨

(パターン3)
顧客シェア＝ 年間のコカ・コーラ購入金額 / 年間の清涼飲料購入金額

分母の設定で数値は大きく異なる

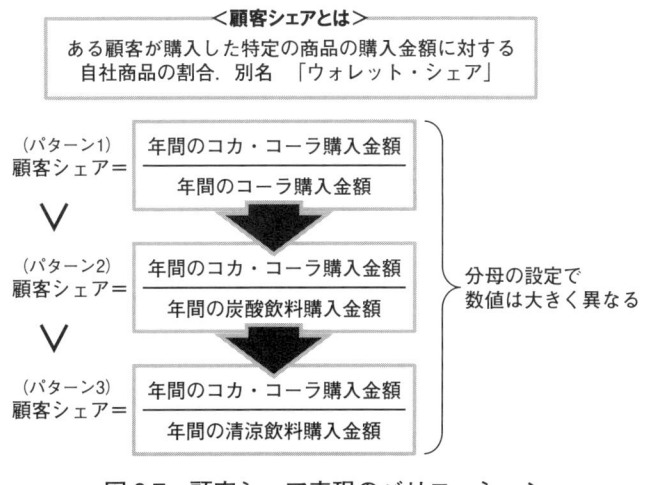

図 9.7　顧客シェア表現のバリエーション

　最も重要な点は，分母を大きく捉えること．それはすなわち，顧客の「予算項目」あるいは「費目」をなるべく大きい括りで捉えることを意味します．分母は「顧客の何に関するコトなのか」を意味します．前述のスクリプトは，分母に相当します．B2Bの場合は「顧客企業におけるどの予算項目を自社が占有するか」，B2Cの場合は「家計簿におけるどの支出項目を自社が占有するか」という問いの答えに相当します．そして次に考えるべきは，分母を大きく捉えてもなお，分数が1に近づくように，分子をいかに大きくするかです．それはすなわち，分母で定めた「顧客のコト

（スクリプト）」の実現手段としての製品やサービスの充実化を意味します．
　「リード・ユーザーのスクリプトを自社製品・サービスでいかに占有するか」という発想は，まさに顧客シェア志向に基づくものです．スクリプトを占有するものは製品ハードといったモノだけでなく，サービスも含みます．この発想は，過度なモノ志向を回避するうえで効果絶大です．必然的に複数の製品・サービスを組み合わせることを促進します．さきほど，「サービス・イノベーション」や「製造業のサービス化」の重要性を述べました．「リード・ユーザーのスクリプトを自社製品・サービスでいかに占有するか」という顧客シェア最大化志向の結果は，自ずとサービス・イノベーションや製造業のサービス化へ向かうことが期待できます（**図 9.8**）．

$$\frac{\text{自社が受け取る対価の合計}}{\text{●●に関する生涯支出総額}} \fallingdotseq 1$$

**分母を大きく捉え
それでもなお分数が"1"に近づくように
分子を適切に定める**
=
顧客に提供する"機能"を揃える／製品・サービスを揃える

図 9.8　顧客シェア発想がもたらす事業の発展

（4）　顧客生涯価値

　顧客シェアの分母を効果的に定める際，生涯価値（LTV: Life Time Value）という考え方が有効です．実際，顧客シェアの考え方は，「生涯価値」という指標に置き換えられて管理されます．

　生涯価値とは，「特定 1 人（1 社）の顧客が，取引を始めてから終わりまでの期間（顧客ライフサイクル）を通じて，企業にもたらす損益を累計して算出したマーケティングの成果指標」です[7]．「生涯にわたって対象顧客から受け取った対価の合計」から，「その顧客の獲得・維持に要した費用の合計」を差し引いた残分（利益）として算出します．一時的な売上増より

も，長期にわたって売れ続けることを重視するBrandingに則して考えると，事業がまず考えるべきことは，生涯にわたって対象顧客から受け取る対価を最大化することです．実際のCRM（顧客関係管理）の現場では，LTV計算式の右辺の第1項「生涯にわたって対象顧客から受け取った対価の合計」を，取引継続年数×年間取引回数×取引単価という3つの項目にブレイクダウンして実績管理します（**図9.9**）．

なお，筆者が企業指導する際は，いきなりスクリプトを定めようとするのではなく，前述の生涯価値の考え方を応用して「いかに取引継続年数を長くするか？」，「いかに年間取引回数を増やすか？」，「いかに1回あたりの取引単価を上げるか？」といったことをチームメンバーに問いかけることによって，徐々に当該事業がカバーすべきスクリプト範囲（顧客シェアの分母）の設定に行き着くように心がけています．

LTV: Life Time Value
1人（1社）の顧客が取引を始めてから終わりまでの期間（顧客ライフサイクル）を通じて企業にもたらす損益を累計して算出したマーケティングの成果指標のこと

≪受け取った対価の合計≫　≪要した費用の合計≫

LTV ＝ 顧客がある企業と付き合っている間に支払う金額の合計 － その顧客の獲得・維持に要した費用の合計

取引継続年数 × 年間取引回数 × 取引単価

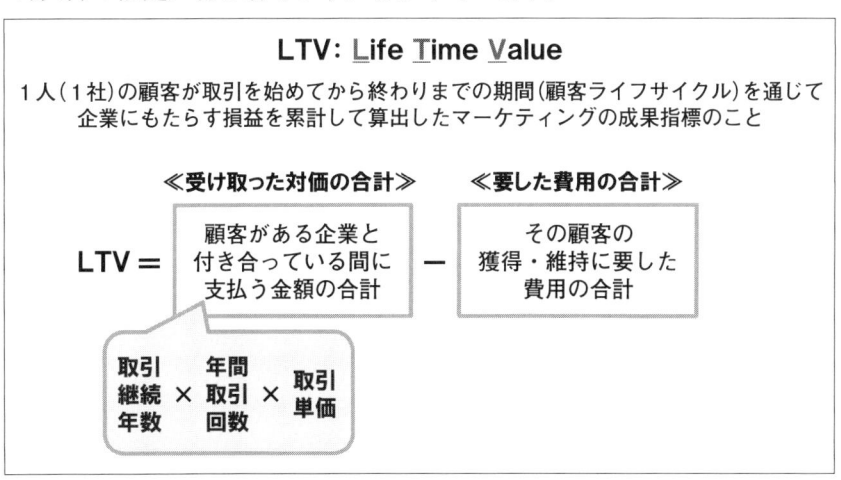

図9.9　顧客生涯価値とは

（5）　鍵は「取引継続年数」

筆者がこれまでに企業指導をしてきた経験からいうと，単に「顧客の何に関わるつもりなのかについてスクリプト表現してみてください」という場合，十中八九，限られた短い時間のスクリプトが描かれてしまう傾向が

あります．B2Cの場合は，ある一日の生活スクリプトです．B2Bの場合は，顧客企業の一連の業務プロセスです．これらは確かにスクリプトではあるのですが，単にそれだけを書いても次に何をすればよいのかわからず，思考停止に陥る場面がしばしば見られました．このようなタコツボ状態を一気に打破する強力な鍵が「取引継続年数」です．具体的な思考としては，「リード・ユーザーと今後どれくらい長い関係を築き上げたいか？」という問いの答えを長めに設定してみてください．そして，それだけ長い年月をリード・ユーザーにどのように過ごしてほしいか考えてください．この検討を通じて描かれるものは，みなさんが顧客にそれだけの長い年月をどう過ごしてほしいかを表したものになります．あるいは，みなさんが顧客と共にそれだけの長い年月をどのように過ごしたいのかを表したものともいえます．こうして出来上がったスクリプトにタイトルをつけたら，そのタイトルがさきの顧客シェア(図9.8)の分母に相当します．

　最も重要なことは，「いま，いかに稼ぐか」という発想ではなく，「いかに長期にわたって計画的に稼ぎ続けるか」という意識付けです．このような意識付けに基づく一連の検討の結果は，「要するに，顧客から見た自分たちの事業とは何なのか」，「直近だけを考えるのではなく，長期的な展望に立って，顧客から見た当該事業のプレゼンスを高めるべく，自分たちは顧客の何を担うべきか」，「顧客から見て当該事業は何屋なのか」など，顧客から見た自社の存在価値・役割を突き詰めて考える機会をもたらし，自分たちの事業のアイデンティティを研ぎ澄ませていきます．こうして，顧客シェアの分母が見えてくるのです．

（6）　顧客シェア発想がもたらす事業の質的発展

　「取引継続年数」という視点を明示的に用いて，長期的展望に立ったスクリプトを描きます．そして，同スクリプトを高度実現するための手段として，当該事業が提供すべき製品およびサービスを考案します．その結果は，必然的に事業の質的な発展可能性をもたらします(**図9.10**)．

　前出の図9.6において，市場シェアの志向性が「事業の量的な成長」で

あるのに対し，顧客シェアの志向性は「事業の質的な発展」に強調点を置いていることに注目してください．「成長」と「発展」は，変化の連続／非連続性の視点から明確に区別されます[8]．成長とは，「既存モデルの量的な拡大」です．既存のモデルは変わらず，その規模が大きくなることをいいます．「子供が大きくなる」や「小さな苗木が大きくなる」など，基本となる成り立ちは同じまま，その姿が大きくなることをいいます．たとえば，グローバル化による新興国市場への参入，BOP(Bottom of Pyramid)への傾倒，オペレーション効率の向上，QCDの向上は，既存モデルはそのままに量的規模の拡大を図るという「成長」に該当します．

一方，発展とは，「新規モデルへの不連続移行」です．これはたとえば，オタマジャクシがその形のまま大きくなるのではなく，カエルという「全く異なる姿かたち」に変わります．幼虫がカブトムシに変わるのも同様です．基本的に内部の構造，構成が本質的に変わるのが発展です．ソリューションビジネスの強化，サービス・イノベーション，製造業のサービス化，ビジネスモデルの変革，新たな価値次元の創造は，いずれも「発展」に該当します．

市場シェアというのは量的な成長志向であり，顧客シェアというのは質的な発展志向といえます．このように，「リード・ユーザーのスクリプト

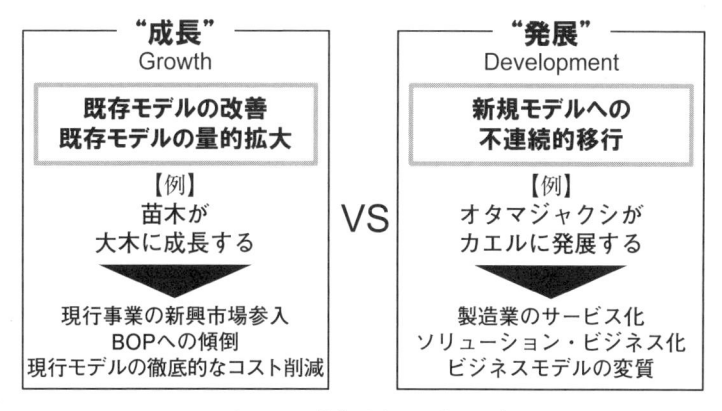

"成長" Growth	"発展" Development
既存モデルの改善 既存モデルの量的拡大	新規モデルへの 不連続的移行
【例】 苗木が 大木に成長する	【例】 オタマジャクシが カエルに発展する
現行事業の新興市場参入 BOPへの傾倒 現行モデルの徹底的なコスト削減	製造業のサービス化 ソリューション・ビジネス化 ビジネスモデルの変質

図9.10 「成長」と「発展」

を占有する」という顧客シェアの発想が事業の質的な発展をもたらす可能性を大いに秘めています．そして，スクリプトに描かれる内容が「製品使用の流れ」や「1日あるいは一連の業務」という短期的なスクリプトよりも，「価値共創プロセス」と呼べるような長期的なスクリプト表現すればするほど，顧客シェアを高める余地が大きくなるのです．

（7） 初めに質的な「発展」，それを水平展開して量的な「成長」に結びつける

　ここで，誤解しないでいただきたいのですが，筆者は市場シェア追求（量的な成長志向）がダメだと頭ごなしに否定しているのではありません．市場シェア追求が目的化することに警鐘を鳴らしているのです．やみくもな市場シェア追求は市場の成熟度合いが高いほど，価格競争に巻き込まれるなどして，かえって収益を落とす恐れがあるからです．市場シェアと顧客シェアはトレードオフの関係ではありません．リード・ユーザーの顧客シェアを向上させるという発想から得られた知見やアイディアを水平展開することによって，高い市場シェアがもたらされるのです．

　先立つべきは，事業の質的発展の方向性を徹底的に考えること．それは，リード・ユーザーのスクリプトを実現する手段としての製品・サービスの充実化を意味します．B2Cの場合，「生活全体から見て顧客が重視するスクリプトにおいて当該事業が有用な製品・サービスを道具として提供する」という着想です．B2Bの場合は，「顧客の事業や業務の全体から見て重視されているスクリプトにおいて当該事業が有用な製品・サービスを道具として提供する」という着想になります．提供機会は一度ではなく，継続して有用な製品・サービスが提供されていくべきです．これを積み重ねていくうえで，当該事業が関わるスクリプトの範囲をさらに広げ，顧客にとって重要事項に関わっていきます．それにより，オンリーワンの度合いは高まっていきます．そのようなリード・ユーザーに焦点を当てた取組みの結果を，ほかのユーザーに広く水平展開することによって，市場シェアに結びつける．初めに事業の質的発展，その結果を水平展開して量的成長

第9章 理想追求型QCストーリーに欠かすことのできないキーワード

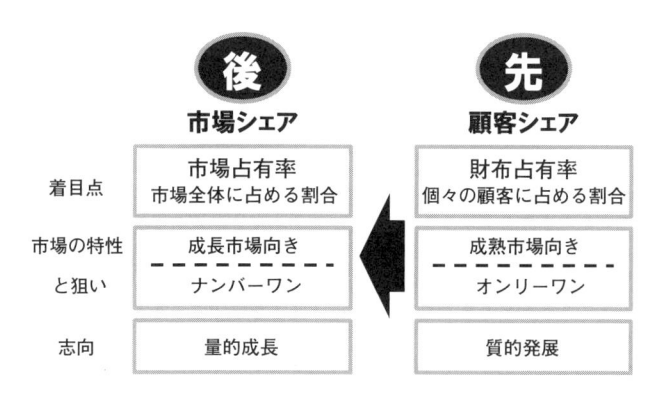

	後 市場シェア	先 顧客シェア
着目点	市場占有率 市場全体に占める割合	財布占有率 個々の顧客に占める割合
市場の特性 と狙い	成長市場向き ナンバーワン	成熟市場向き オンリーワン
志向	量的成長	質的発展

図9.11 顧客シェア向上策を水平展開するという発想

に結びつける．かくして，事業全体の高付加価値化がもたらされると考えています(**図9.11**)．

[参考文献]

[1] Hippel, E. V.(2005)：*Democratizing Innovation*, The MIT Press.
[2] Hippel, E. V., S. Thomke and M. Sonnack(1999)："Creating breakthroughs at 3M." *Harvard business review*, Vol.77, No.1, pp.47-57, Harvard Business School Press.
[3] 池谷裕二(2013)：『単純な脳，複雑な「私」』，講談社．
[4] 得丸公明(2014)：「自然とひらめきが生まれる学習法」，『情報処理学会研究報告』，Vol.102, No.1, pp.1-9, 情報処理学会．
[5] Peppers, D. and M. Rogers(1993)：*The One to One Future*, Crown Business.
[6] Rust, R. T., V. A. Zeithaml and K. N. Lemon(2000)：*Driving Customer Equity －How Customer Lifetime Value is Reshaping Corporate Strategy－*, Free Press.
[7] Kotler, P. and G. Armstrong(2001)：*Principles of Marketing,* 9th Edition, Prentice Hall.
[8] 妹尾堅一郎(2009)：『技術力で勝る日本が，なぜ事業で負けるのか－画期的な新製品が惨敗する理由－』，ダイヤモンド社．

第 Ⅳ 部

理想追求型 QC ストーリーの実践

　これまでのところで，理想追求型 QC ストーリーを用いた事例と，理論的概説を行いました．第Ⅳ部は，読者のみなさまに理想追求型 QC ストーリーを活用していただくための実践編です．

　第10章では，実践マニュアルを紹介します．一人でも多くの企業のみなさまに，「とにかく一度，自分たちで試してみよう」と思っていただけるよう，そして可能なかぎりみなさまが自分たちだけでできるようマニュアルをつくってみました．もし，やりづらい点がございましたら，筆者の研究室にご意見をお寄せいただきたいと思っております．みなさまの声を参考にして，より取り組みやすい実践マニュアルに洗練化させてまいります．

　そして第11章では，理想追求型 QC ストーリーを用いることによって，実践者本人にもたらされる効果についてお話したいと思います．理想追求型 QC ストーリーは，新製品・サービスの創造に留まらず，人材育成の方法論としても活用することができます．なお，第11章は学術誌『市場創造研究』(第3巻)に掲載された投稿論文「理想追求型 QC ストーリー：バックキャスティング思考に基づき製品・サービスを創造する新たな手続き」の一部をベースにしたものです．

第10章
実践ワークブック
―理想追求型QCストーリーを実践してみよう―

　さあ，それでは理想追求型QCストーリーを実践してみましょう．一人でも多くの方々に，あるいは1社でも多くの企業に理想追求型QCストーリーを実践していただけるよう，進め方のマニュアルを作成しました．**図10.1の実践ワークシートをA3サイズに拡大コピーしてご活用ください．**

　ここで一つ，お願いがあります．以下に述べる各ステップに確実性を求めすぎないようにしてください．作業の巻き戻しを避けたい気持ちが強すぎるあまり，個々のステップでの検討に確実性を過度に求める方がいらっしゃいますが，それではいつまでもステップ内で滞留してしまい，次のステップに進むことができなくなります．理想追求型QCストーリーを実践する際は，「何度もPDCAを回すことによって，アイディアの量と質を高めていく」ということを大事にしてください．まずは，「精度はともかくとして，一度，通してやってみよう」と気楽に実践してみてください．

　なお本章では，理想追求型QCストーリーをマニュアル化するにあたり，手続きをさらにわかりやすく工夫してみました．修正を加えたのは，「事業が目指す姿の策定と共有」です．筆者がファシリテーターとして関わったこれまでのケースでは特に目立った混乱は生じなかったのですが，企業が独自に取組もうとした場合，思うように進めることができないといった声が寄せられたことから改善することにしました．修正後の理想追求型QCストーリーは，大きく「事業が目指す姿を策定する段階（ステップ1

第 10 章　実践ワークブック―理想追求型 QC ストーリーを実践してみよう―

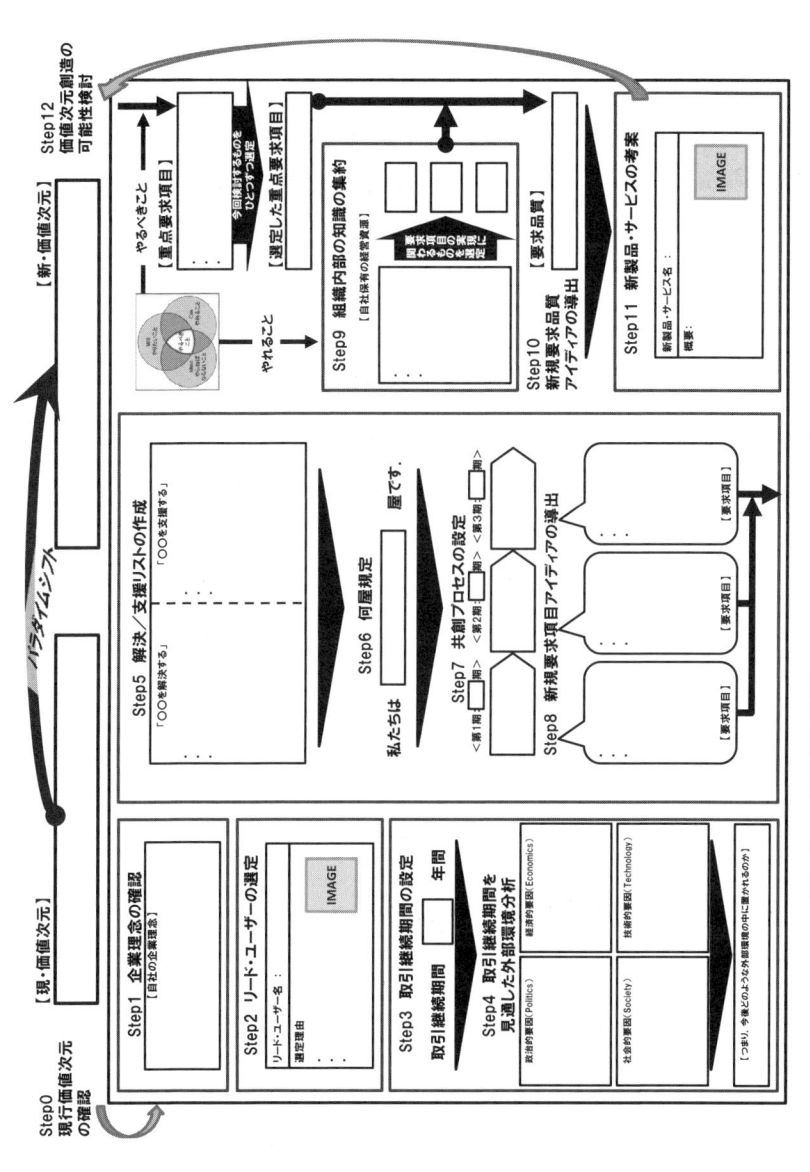

図 10.1　理想追求型 QC ストーリーの実践ワークシート
(注) ideal-seeking.com から最新ワークシートをダウンロードできます

	ステップ0：現行価値次元の確認
事業が目指す姿を策定する段階	ステップ1：企業理念の確認
	ステップ2：リード・ユーザーの選定
	ステップ3：取引継続期間の設定
	ステップ4：取引継続期間を見通した外部環境分析
	ステップ5：解決／支援リストの作成
	ステップ6：何屋規定
事業が目指す姿を起点に発案する段階	ステップ7：共創プロセスの設定
	ステップ8：新規要求項目アイディアの導出
	ステップ9：組織内部の知識の集約
	ステップ10：新規要求品質アイディアの導出
	ステップ11：新製品・サービスの考案
	ステップ12：価値次元創造の可能性検討

図 10.2　理想追求型 QC ストーリーの実践手続き

〜ステップ 6)」と「事業が目指す姿を起点に発案する段階(ステップ 7 〜ステップ 12)」の 2 つに分けて検討していただくことになります(**図 10.2**).

■ステップ0：現行価値次元の確認

　全ての検討に先立ち，現在の市場における争点(競争軸)を現行価値次元として明記しておきましょう．ここでいう争点とは，顧客が銘柄を選択する際に重視する評価項目です．実際にはどの市場においても銘柄選択に影響する顧客の評価項目は多岐にわたります．たとえば自動車の場合，安全性，デザイン性など多数あります．本ステップの趣旨は，理想追求型 QC ストーリーを通じて新たに導出された価値次元の新規性を最後のステップ

で確認するための下準備です．なお，本ステップでたくさんの事柄を記入してしまうと，一連の検討の最終確認段階で収拾がつかなくなってしまうため，数ある争点の中でも市場における銘柄間競争の勝ち負けを決定付ける象徴的な項目一つに絞って記述してください．自動車の場合，上述のとおり争点が多数ありますが，「いま最も勝ち負けを分かつ争点」としては，「燃費」が相応しいと思われます．

〈注意事項1〉　現行価値次元を表現する際，英文法の第3文型（他動詞＋目的語）を基本形にすることをお勧めします．先の燃費の場合は，「燃料消費率を下げる」という表記になります．

〈注意事項2〉　さきほど，自動車の場合は「燃費」が相応しいと述べましたが，それは自動車完成品メーカーの場合であって，自動車部品メーカーの場合は異なります．自動車部品メーカーの場合は，自動車完成品メーカーから自分たちの製品が選ばれる象徴的な評価項目を記述してください．あくまで，自社が属する市場において製品・サービスが直後の顧客から選ばれることに決定的に影響を及ぼす争点を記述するようにしてください．

■ステップ1：企業理念の確認

　会社の理念を確認しましょう．会社のウェブサイトに記された企業理念の内容を転記するという要領で構いません．なお，企業理念や事業コンセプトが残念ながら明確でない場合は，ご自分で考えて記述してください．

〈注意事項1〉　企業のウェブサイトにおいて，企業理念が「企業の価値観や行動基準」にすり替わっている場合が時折見受けられます．たとえば，「顧客の満足を第一に考える」，「お客様と平等な関係であり続ける」，「挑戦し続ける心を持つ」，「社員が幸せになれる会社づくり」などです．こうした情報は本ステップの記述対象ではありません．ここで記述すべきは「社会から見てどのような役割を担う存在になりたいのか」や「事業を通

じて，人々や社会にどう在ってほしいのか」という社会的存在意義です．

〈注意事項2〉　お勤めの会社が複数の事業を有する企業の場合は，今回の検討対象である事業が掲げる理念や事業コンセプトも併せて転記するようにしてください．複数の事業を有する企業のウェブサイトには，個々の事業を紹介するページのトップにその事業が何を目指しているのか記載されている場合が多いと思いますので，その箇所を転記するとよいと思います．

〈注意事項3〉　本ステップの記述内容は，以後の検討を進めていく過程で更新されていくべきものです．初期値としては思考停止に陥ることを回避するために既存の企業理念を転記して構いませんが，一般的に企業理念は時代の変化によらない普遍的な内容(つまり，具体的なイメージが伴わない抽象的・散文的表現)になっている場合が少なくありません．以後のステップを進めていく過程で本ステップの記述内容をみなさん独自の言葉で鮮明化することを心がけてください．最終的に検討メンバー全員が「これをぜひわれわれの手で実現したいね！」と思える内容になることを目指してください．更新を重ねた本ステップの行き着く先は，第8章の表8.1に示した「良いビジョンの要件」を満たすことです．

■ステップ2：リード・ユーザーの選定

　先の企業理念の内容に最も相応しい象徴的な顧客を設定してください．たとえていうなら，先の企業理念に記された内容を写真でビジュアル表現した際に，その写真に映っている被写体です．被写体が複数いる場合は，その中でも主人公となる顧客のことです．個人，企業，社会のいずれでもOKです．そして，選定理由を併せて記述してください．

　〈注意事項1〉　みなさんの会社がどれくらい踏み込んだ企業理念を掲げているかにもよりますが，最も望ましいのは「企業理念に書かれている内容について，他の誰よりも最前線でチャレンジしていて，自らも創意工夫してそのことを実現しようとしている個人あるいは集団」です．いわば，

共創相手（パートナー）です．事業が掲げるビジョンを共有し，お互いの力を合わせて共創するに相応しい個人・集団を設定できることがベストです．

〈注意事項2〉　上記の教示をしても必ずといっていいほどリード・ユーザーとして有名人やタレントを挙げる方がいます．その有名人やタレントの生活実態をわかっているのであれば話は別なのですが，単に「自分たちの事業が目指すイメージに合っているから」という理由がほとんどです．実態がよくわからない個人・集団をリード・ユーザーとして挙げることは避けてください．この問題を避けるために次の注意事項をご覧ください．

〈注意事項3〉　しばしば，選定理由欄にリード・ユーザーの属性をプロフィールとして書き並べる方が見受けられます．単なる人物紹介だけに終始した記載は，後続ステップの検討に役立ちません．「その個人・集団は，いまどのような状況に置かれているか」，「その個人・集団は，未来に対してどのような理想や将来展望を思い描いているのか」，「そのような理想や将来展望に向けて，その個人・集団は，どのような行動をとっているのか／どのような創意工夫を施しているか」といった問いの答えを可能なかぎり選定理由欄に記載してください．特に，「リード・ユーザーが目指す理想」と「その実現に向けた創意工夫の実態」の2点を必ず含めて選定理由を書いてください．その2点を考えるために，たとえば，「30代女性のアナウンサー」ではなく，「復帰を望んでいる産後育児休暇中の元アナウンサー」といった表現や，「モノづくりベンチャー企業」ではなく，「参入先の国情に合わせて製品仕様を速やかにカスタマイズする必要性に直面するモノづくりベンチャー企業」といった表現にすることをお勧めします．

〈注意事項4〉　「リード・ユーザー」は「ターゲット・ユーザー」でないことに注意してください．たとえば，過去に健康食品メーカーとの取組みで「健康であり続けたいと思っている．しかし，自分の健康状態は自分が一番わかっていると思い込んでいて，しかるべき日々の自己管理ができていない人」という設定がありました．この人は，この健康食品メーカーが自己管理の道具や仕組みを編み出した時に受容するであろう人です．まさにターゲット・ユーザーです．しかし，この人は，健康であり続けるため

に自分なりに創意工夫して自己管理行動を取っているわけではありません．このような人に着目しても，自己管理を支援する製品（あるいはサービス）として具体的に何ができればよいかに関してほとんど示唆はありません．「自らのニーズを満たすべく，自分なりに創意工夫している人あるいは集団」がリード・ユーザーの要件です．この健康食品メーカーが設定すべきリード・ユーザーは，「自己管理ができていない人」ではなく，「健康であり続けたいと思っている．しかし，一般的に自分の健康状態は自分が一番わかっていると思い込みがちであるため，自分なりに創意工夫をして自己管理を試みている人」なのです．顧客の創意工夫を次期の自社製品・サービスで実現することがリード・ユーザー法です．

〈注意事項5〉 企業理念に書かれている内容が過度に抽象的な場合，リード・ユーザーの設定は困難です．その場合は，検討メンバーの総意として，「われわれが事業を通じて最も喜ばせたい個人あるいは集団は誰か」という問いの答えを記述してください．ただし，この問いの答えはリード・ユーザーというよりターゲット・ユーザーであるため，そのターゲット・ユーザーのニーズを満たすための切り口やヒントを何か持っていそうな個人あるいは集団をあらためてリード・ユーザーとして定めましょう．

〈注意事項6〉 当ステップをシートに表現する際は，リード・ユーザーのビジュアルイメージを併せて貼っておくことをお勧めします．たとえば，「Getty images」(http://www.gettyimages.co.jp/)というウェブサイトは大変興味深く，有用です．このウェブサイトで選定理由に記した語をキーワード検索してみて，みなさんのイメージに合うビジュアルを実践シートに用いると，このあとの検討でイメージが膨らみ，アイディアが出やすくなります．絵や写真などで具体像を共有することは意外と重要です．

〈注意事項7〉 本ステップについて筆者に寄せられる声として最も多いものに，「正しく選定するための基準は何か」，「選定したリード・ユーザーの妥当性を客観的に測る尺度は何か」といったことが挙げられます．ひとまずの選定基準としては上記の注意事項のほかに，「この個人（あるいは集団）を喜ばせることができれば，ほかにもたくさんの個人（あるいは集

団)に水平展開できる」という，ヨコ展開の中核に位置付けられるか否かという観点からも検討してください．ただしリード・ユーザーの妥当性について考えるのは，後続ステップを通じて製品・サービスのアイディアが導出されて初めて評価できることであるため，もっと後のステップになってからでもよいと思われます．何度も PDCA を回すことが大切です．

コラム　S-D ロジックの概念

　みなさんが理想追求型 QC ストーリーを用いて検討する際，サービス・ドミナント・ロジック(S-D ロジック)という新しい概念が大変参考になります．わが国ではあまり知られていませんが，この考え方が誕生した米国では，マーケティング実務および研究の大本山ともいえるアメリカ・マーケティング協会(AMA)が数度にわたってマーケティング定義を改定することに影響を及ぼしたといわれています．

　S-D ロジックにおいて「価値」は，製品(あるいはサービス)に初めから備わっているのではなく，顧客の使用によってはじめて発現するという立場を取ります．「製品・サービスは，顧客が価値を実現するための道具(手段)に過ぎず，製品・サービスに価値そのものがあるわけではない」という点が最大のポイントです．

　「価値提供」という言葉を実務でしばしば耳にしますが，S-D ロジックにおいて企業は「価値提供者」にはなれません．価値について企業ができることは「提供」ではなく，「提案」に留まります．「こういう価値の実現を一緒に目指そう！」という，顧客と共創する価値の提案に留まるのです．それならば，企業は何も提供していないのかというと，そうではありません．価値を実現するための手段(道具)としての製品・サービスを提供しています．企業が行っていることは「価値提供」ではなく，「"価値の提案" と "価値を実現する手段(道具)の提供"」なのです．

　〔リード・ユーザーの選定⇒取引継続期間の設定⇒…⇒何屋規定⇒共創プロセスの設定〕という一連のプロセスは，「顧客に提案するに相応しい価値は何か？」と「価値を実現するために，どのような道具があればいいのか？」という2点を探索するプロセスといえます．ステップ2のリード・ユーザーの選定において，「リード・ユーザー自身による創意工夫の実態を記してください」と注意事項で強調した最大の理由は，今後提供すべき道具のヒントを得るためです．

■ステップ3：取引継続期間の設定

　先に定めたリード・ユーザーとの関係は何年にわたるものなのかについて記入します．本ステップは後々の検討に大きな影響を及ぼします．後述する注意事項をご覧ください．ひとまずは，「いま」だけに囚われず，意識的に顧客との関係を長期的に見通すことに重きを置いてください．

〈注意事項1〉　今日のマーケティングでは，長期にわたる顧客関係性を構築することの重要性が説かれています．キーワードは「売れ続ける」です．ただし，これは特定の同一商品が単に売れ続けることだけを意味しているのではありません．ある商品が売れ続けることはもちろん重要なのですが，その顧客に対して売れる商品が増えることも重要です．「特定の同一商品を売れ続けるようにするだけでなく，売れる商品を増やす」という発想が，事業の成長と発展に求められます．コラムで述べたことに即していうと，売れる商品を増やすためには「価値を実現するための手段（道具）を増やす」という視点が重要になります．本ステップでは長期的な顧客関係性構築に相応しい「遠くに見据えた価値を実現するための，道具の考案と提供」に見合う年数を設定することが求められます．

〈注意事項2〉　とはいえ，あまり厳密に定めようとすると検討が前に進まず，思考停止に陥るケースがしばしば見受けられます．1回目のPDCAとしては，年数を「エイヤっ！」で設定していただいても構いません．年数設定する際，「現実的に可能な年数」ではなく，「願わくば，これくらいの期間にわたって必要とされる存在になりたい」という，メンバー全員の願望を記入してください．これまでの筆者の企業とのワークセッション経験では，B2Cの場合は5〜20年の設定（最頻値は10年），B2Bの場合は10〜30年（最頻値は30年）の設定範囲です．少なくとも2, 3年という短い期間設定は避けてください．

■ステップ４：取引継続期間を見通した外部環境分析

　リード・ユーザーを取り巻く今後の外部環境を見通します．具体的には，ステップ１の企業理念の内容をふまえ，「企業理念に書かれている内容が実現されるまでの過程で，この先リード・ユーザーに起きることは何か」，「企業理念に書かれた内容の実現を阻みかねない事柄として何が挙げられるか」，「企業理念に書かれている内容を実現する過程で，リード・ユーザーが備えるべき事は何か」といった問いに対して，P（政治）・E（経済）・S（社会）・T（技術）の４つの観点から検討します．

　そして，考えられる事柄を全て挙げた後に，「リード・ユーザーが目指す理想の実現に向けて，自分たちの事業が最も着目すべきは何か？」という問いの答えをポイントとして整理します．これが「顧客に対して，どのような道具を提供する必要があるか？」という新製品・サービスの考案に方向性を与えます．

〈注意事項１〉　極めて重要なこととして，くれぐれも「現状把握」や「直近の見通し分析」に陥らないようにしてください．前ステップの取引継続期間全域を見通して，「いま起きていること」だけではなく，「その期間中にこれから起こり得ること」を考えることが重要です．

〈注意事項２〉　必ずといってよいほど起きる現象として，一般論の総花的な列挙があります．こうすると「PEST 分析をやった！」という気持ちにはなるのですが，それは自己満足に過ぎず，打破すべき課題のポイントを特定できません．本ステップの最大の意図は，「自分たちの事業が提供すべき道具は何か」についてヒントを得ることです．

〈注意事項３〉　本ステップでは，「自社」を取り巻く今後の外部環境ではないことに注意してください．たしかに，本来の PEST 分析は主に「当該事業の外部環境分析」として用いるのですが，理想追求型 QC ストーリーでは趣旨が違います．「遠くに見据えた価値を実現する過程で，リード・ユーザーにこの先何が起きるのか？」という視点で分析してください．

〈注意事項4〉 ところが，上記の〈注意事項3〉だけに囚われると，また別の不具合が生じる場合があります．「リード・ユーザーにこの先何が起きるのか？」という問いの答えにはなっていても，「それを挙げたところで，御社の事業は何もできないでしょ？」といった類の記載です．慣れるまでは致し方ないことではあるのですが，本ステップの最大の意図は「今後，自分たちの事業が提供すべき道具は何か」についてヒントを得ることであることをどうか忘れないでください．理想追求型QCストーリー全編を何度もPDCAを回すことで慣れてきたら，最終的には「遠くに見据えた価値を共創していく過程で，リード・ユーザーとわれわれに，この先何が起きるのか？」という視点を持つことができるよう努めてください．

〈注意事項5〉 慣れてきた場合は，P・E・S・Tの4観点に囚われず，みなさん独自の切り口で検討していただいても構いません．

■ステップ5：解決／支援リストの作成

前ステップのポイントをもとに，リード・ユーザーが抱えるどのようなことを解決してあげたいのか，どのようなことを支援してあげたいかを自由に検討してみてください．具体的な表記としては，いささか形式的にはなるのですが，「○○を解決する」あるいは「○○を支援する」のどちらかの表現形式をそのまま忠実に表記することをお勧めします．

〈注意事項1〉 「○○を提供する(provide)」という表現形式を使用しないよう強く意識してください．この動詞を用いてしまうと十中八九，自社の製品あるいはサービスが目的語に入ります．本ステップは，「解決する／支援する」ための製品・サービスを考える時期ではありません．本ステップで提供物を列挙するのは絶対に避けてください．

〈注意事項2〉 ここで検討すべき解決／支援事項は，直近の事柄だけに囚われないようにしてください．ステップ3で設定した取引継続期間全体を見通したうえで，解決／支援事項を思いつくかぎり列挙してください．

〈注意事項3〉　本ステップで記載することは「解決できること／支援してあげられること」ではなく，「解決してあげたいこと／支援してあげたいこと」であることに注意してください．いまの自分たちの実力に合った解決／支援リストでは，新たな価値次元の創造をすることは困難です．あまりに身の丈に合ってないことを書き並べると，その後の経営資源の棚卸しで苦労することになるため，ものには限度があるといえばあるのですが，感覚としては「少し背伸び」をして自分たちの願望を含めて，「解決してあげたいこと／支援してあげたいこと」を自由に考えてみることをお勧めします．

〈注意事項4〉　上級者編です．理想追求型QCストーリー初心者の方はこの注意事項を読み飛ばしていただいて結構です．すでにご検討いただいたリストをご自身であらためて見てみてください．「女性の暮らしを支援する」，「グローバル化を支援する」というように，目的語を名詞のみの表現にしてしまうと，どのように解決／支援すればいいのかわからなくなる場合があります．本ステップを記入する際は，「リード・ユーザーが"何をどうすること"を解決／支援するのか」というリード・ユーザーが取りたい「行動(Do)」に着目することを心がけてみてください．このことは英語表現に置き換えると，"We will support that 人＋動詞"あるいは，"We will make 人＋動詞"という，that節を用いた第3文型あるいは使役動詞を用いた英文法第5文型(SVOC)表現になります．

〈注意事項5〉　「流通加工にかかるコストの高さを解決する」，「美しくなることを支援する」というように，目的語に「働きかけた結果の状態」を記すことはやめましょう．つまり，対象を形容詞表現することは望ましくないといえます．そのような結果を出すために，もしくはそれらの状態にするために「何を解決／支援する」のかを記述することを心がけてください．たとえば，「コストを下げるために，運搬中に仕掛品を製造することを支援する」，「美しくするために，自分固有の肌ケア方法を発見することを支援する」といった感じです．このように結果と手段を意識して分けることで，解決することなのか，支援することなのかが明確になります．

■**ステップ6：何屋規定**

　前ステップの「解決／支援リスト」をもとに，要するにみなさんの事業は何屋さんなのか定めます．「みなさんの事業は，リード・ユーザーから見て，一緒に何を実現するパートナーなのか？」，「みなさんの事業は，リード・ユーザーとともに何を共創するのか？」という問いの答えです．

　本ステップの要領としては，まず「解決／支援リスト」の中から，特に自分たちの事業として大事にしたい解決・支援項目をひとまず「5個」選択してください．選択した解決／支援項目をもとに，「要するに，自分たちはリード・ユーザーに対して何をしてあげる集団なのか」という問いに答えて当該事業の役割を自己規定してください．

　〈注意事項1〉　上記で選択数を「5個」と申し上げましたが，極論すれば選択数は任意です．取捨選択を推奨する最大の理由は，リストアップされた解決／支援項目の全てを包含したラベルを作ろうとすると，過度に抽象的なラベル名称になってしまい，当該事業が具体的に何をする集団なのかわからなくなる場合があるためです．たとえば，過去に「女性の生活支援屋」と何屋規定したケースがありました．その時にリストアップされていた解決／支援項目の全てを包含すれば，たしかにその名称しか考えられなかったともいえます．しかし，読者のみなさんが顧客だと仮定して，ある企業が「こんにちは．私たちは女性の生活支援屋です！」とやってきたとしましょう．みなさんはこの企業が自分に対して具体的に何をしてくれる集団なのか想像できるでしょうか？　このような漠とした何屋規定を回避するポイントの一つとして，解決／支援リストに記載された項目を網羅しようとするのではなく，特に「これぞ，私たちの事業が取組むに相応しい」と思える項目を選択して，何屋規定することをお勧めします．

　〈注意事項2〉　漠とした何屋規定を回避するポイントのもう一つのやり方として，商店街のお店をイメージする方法があります．商店街をイメージしてみてください．リード・ユーザーが通りを歩いています．みなさん

第10章　実践ワークブック―理想追求型QCストーリーを実践してみよう―

の店の看板を見て立ち止まりました．その人から見て「実現したい！」と思えることがその看板に書かれていたのです．その人は店内に入りました．すると店内には，お店の看板に書かれたことを実現するための魅力的な道具たちが陳列されていたのです．さて，ここで2つの出題です．

　Q1：お店の看板には「○○屋（屋号の名称）」と書かれていますか？
　Q2：店内に陳列された品々は，その人が何をすることに役立つ道具たちでしょうか？

　この問いかけは，筆者が企業からの依頼を受けて実施した実際のワークセッションの1コマです．Q1の答えが本ステップの「何屋規定」であり，Q2の答えは前ステップの「解決／支援リスト」から選択されたものが相当します．このやり方は，楽しくグループディスカッションできますので，よろしければぜひお試しください．先の「女性の生活支援屋」は，初期値としてそのように定まることがあっても，Q2を挟むと直ちに修正がかかり，「自意識高揚を可能にする表情づくり屋」に変わりました．

〈注意事項3〉　上記の2つの注意事項からピンときた読者がいらっしゃると思いますが，本ステップでやろうとしていることは，顧客シェアでいうところの「分母」の設定です．当該事業は顧客の何に関して応える存在なのかという問いに答えるべく，本ステップでは自分たちの事業が何屋なのかを定めようとしているのです．極論すれば，顧客から見た自分たちの事業部の役割に着目して「事業部名称」を定めていることと同じです．

　以上，ステップ6までが「事業が目指す姿を策定する段階」となります．以後のステップ7以降は，「事業が目指す姿を起点に発案する段階」に移行します．これは，策定した「事業が目指す姿」の実現に向けて落とし込んでいくプロセスです．第7章で述べたバックキャスティングの観点からいい換えると，ステップ1～6は，バックキャスティングに先がけた「将来像」を設定するための検討事項であり，ステップ7以降でいよいよバックキャスティングをスタートさせることになります．

■ステップ7：共創プロセスの設定

　取引継続全期間を通じて顧客が変化していく過程をスクリプトとして表現します．ただの変化の様子ではありません．「みなさんの事業が関わることによって生じる顧客の変化の様子」です．冒険物語の大筋を描くつもりで取組んでみてください．遠くに見据えた価値の実現に向けて，みなさんは顧客とともに旅に出ます．その旅は長いです．取引継続期間だけ時間を要します．その過程で，顧客に様々な変化が起きます．みなさんが提供する道具を使うと，「顧客にどのような変化が起きるのか」，「顧客は何ができるようになっていくのか」という変化の様子を描いてみましょう．物語にタイトルを付けることをお忘れなく．タイトルに記されたことが，「みなさんの事業と顧客が長い旅を通じて共創する価値」なのです．

〈注意事項1〉　全体を何期で構成するかは任意ですが，検討をわかりやすくするために，「序論・本論・結論」にも似た3期でひとまず考えてみることをお勧めします．その際，各期ごとに〇〇期というように小タイトルをつけると，イメージがつきやすくなります．たとえば，「自己意識低下抑制期→自己意識回復期→自己意識高揚期」といった具合です．

〈注意事項2〉　プロセス表現であれば何でもよいということではありません．「ある1日のプロセス」や「日常的な業務プロセス」にならぬよう気をつけてください．「製品・サービスを使用している場面の詳細なプロセス」は論外です．取引継続全期間をプロセスとして描くことが重要です．

　また，「独身期→結婚期→子育て期」といった，単なる顧客のライフステージ表現も避けてください．このような表現では，当該事業としてどのような道具を用意すればいいのかさっぱりわかりません．「顧客の生活（B2Bの場合は「業務」）は，みなさんの事業が関わることによって，どのように進化していくのか？」という，顧客の生活あるいは業務の変容の様子が見てとれる表現になっていることがポイントです．期を追うごとに，価値の実現レベルが上がっていく様子を描いてください．

第10章　実践ワークブック—理想追求型 QC ストーリーを実践してみよう—

〈注意事項3〉　これまでのワークセッションで「何屋規定とスクリプトタイトルは何が違うのか？」というご質問をいただいたことがあります．理想追求型 QC ストーリーを何度も実践して要領を心得てくると，前ステップで定めた何屋規定の内容は，ほぼそのままスクリプトタイトルとして使えるようになる傾向があります．ただし，慣れるまでは，何屋規定が漠とした大雑把な内容に留まり，表現内容は静的になる傾向があります．単に，顧客から見た役割がそのまま抽象的な文章表現になっている印象です．このあとに「共創プロセス」に落とし込むことによって，何屋規定の内容に共創の時間的推移が込められます．その変換結果がスクリプトタイトルです．要するに，スクリプトタイトルとは，何屋規定の内容に対して共創の時間的推移を加味したものであるといえます．

〈注意事項4〉　前ステップの〈注意事項3〉で「何屋規定は，顧客シェア表現の分母に相当する」と述べたことと同様，スクリプトタイトルも顧客シェア表現の分母に相当します．第9章で，分母を大きく取って，それでもなお分数が1に近づくように，分子を大きくすることが事業を発展させていく上で重要だと述べました．描かれたスクリプトは，「みなさんの事業が顧客の何に関わるのか？」，「顧客の生活（あるいは業務）において，どこからどこまでに関わるのか？」という関わる範囲を明確にし，その範囲のなかで具体的にどれだけたくさんの道具を価値実現手段として提供できるか（＝分子をどれだけ増やせるか）という発想の拠り所になるのです．

〈注意事項5〉　上級者編として，顧客の知識・スキルの熟達を考慮したプロセス表現をお勧めします．前述のとおり，共創プロセスを一言でいえば「顧客側に生じる変化の様子」なのですが，S-D ロジックに基づいてさらに踏み込んで換言すると「熟達していく顧客の知識・スキルの変化の様子」ということになります．たとえば，〔顧客本人が既にストックしている「好きな楽曲」を外に持ち出す→好きな楽曲を単に持ち出すに留まらず，シーンに合わせて曲の並び，編成を自由に組み合わせることができるようになる→自分と同じ嗜好性をもった他ユーザーを通じて，いまはまだ知らない，好みの曲に出会えるようになり，楽曲の興味関心集合が飛躍的に拡

大する」という，Appleの音楽に着目した共創プロセスは「文脈価値の進化の過程で，顧客が熟達していく知識・スキルの変化の様子」が明らかに見て取れます．Appleは，「好きな音楽を，好きなだけ，いつでもどこでも楽しむ」という価値を提案し，顧客の知識・スキルが熟達していく進化に呼応すべく，iPod, iTunes, iTunes Music Storeなどを道具として次々と提供したと考えられます．コラムで述べたとおり，企業は価値を提供することができません．顧客は，企業が提供する道具を使いこなして価値を実現します．顧客にはそのための知識・スキルが求められます．顧客は道具を繰り返し使っているうちに，自らの知識・スキルを高めていきます．そうなると，現行の道具ではだんだん対応できなくなっていきます．顧客の知識・スキルが高まっていくのに合わせて，企業は提供する道具を進化させていく必要があるのです．文脈価値の進化の様子だけでなく，その過程で熟達していく顧客側の知識・スキルの進化の様子にも着目すると，企業が提供すべき道具は何か？　という問いに答えやすくなります．

■ステップ8：新規要求項目アイディアの導出

前ステップの共創プロセスを実現するために，リード・ユーザーは具体的に何ができるようになる必要があるのかについて考えます．各期ごとに検討してみてください．新規要求項目アイディアが複数挙げられた場合は，そのうち一つを重点要求項目として選んでください．

〈注意事項1〉　第8章で述べたとおり，本ステップは「みなさんの事業が実現できるか否か」ということを厳密に問うステップではありません．「きっと，顧客はこういうことができるようになったら喜ぶんだろうな」ということをいろいろ自由に考えてみてください．

〈注意事項2〉　本ステップで最も避けるべきは「状態」の列挙です．たとえば，「憧れの存在になる」，「周りから振り向かれる自分になる」といった表現です．これらは，何かしたことによってもたらされた「結果」で

す．結果表現は，後続ステップにおいて具体的な道具を考案することに寄与しません．ぜひ，「行動」に着目してください．「どういう状態になればいいのか？」ではなく，「何をできるようになればいいのか？」という発想です．マーケティング実務において，前者は「Beニーズ」，後者は「Doニーズ」として区別されます．本ステップに不可欠なのは，Doニーズです．丁寧に記載するのであれば，「これこれBeニーズを満たすための，これこれDoニーズ」という表記が理想的です．Doニーズの記載だけでも十分です．ただし，くれぐれもBeニーズだけの記載は避けてください．

〈注意事項3〉 「状態」に次いで，本ステップで避けたい記述は「意識レベル」の表現ばかりを列挙することです．たとえば，「外出意欲が湧く」，「自信が生まれる」といった記述が意識レベルの表現に該当します．本ステップにおいて，行動に着目した要求項目に交じって，意識レベルの要求項目が挙げられているのであればそれほど問題ないのですが，リストアップされた要求項目のほとんど全てが意識レベルの記述になっていると新製品・サービスを考案するにあたり，それを直接的に実現する要求品質の検討が難しくなります．意識レベルで起きる変化をいろいろ考えることはよいのですが，本ステップでリストアップする際はぜひ「行動レベル」に着目して記述してください．具体的に顧客がどのような行動を取れるようになる必要があるのかを考えてください．「そのような結果になるためには，顧客は何ができるようになればいいのか？」と純粋に顧客の目線に立って，描いた共創プロセスを実現するためには，顧客が具体的にどのような行動を取れるようになることが重要なのかを考えてください．

〈注意事項4〉 理想追求型QCストーリーを何度もPDCAを回して慣れてきたら，「顧客が取れるようになる行動」を考える際に，「顧客が獲得する知識・スキル」にも着目してみてください．顧客が道具を用いて何かをできるようになるためには，顧客が知っているべきことや理解しているべきことがあります．たとえば，建機メーカーの場合を考えてみましょう．

土木企業が的確な施工管理をしようとする場合，日々の出来高を正確に把握できることが重要になります．建機メーカーが，ICTを駆使して建

機の稼働を通じて顧客企業に土量の出来高を自動で知らせることは，顧客ができるようになることを飛躍的に向上させます．また別の例として化粧品を取り上げると，顧客自身が自分の肌の水分含有量をデイリーに把握できるようになれば，肌状態に合わせたケアのスキルが一層高まることが期待できます．このように，「顧客は，新たに何を知れば，何をできるようになるか」，「顧客がそれをできるようになるためには，顧客は何を理解できるようになればよいか」という視点は既存製品（あるいはサービス）に縛られない新たな発想をもたらす可能性を秘めています．

　本ステップの上級者編として次の２点をぜひ検討してみてください．
① 　道具を用いて顧客がわかるようになること
　　（know, see, understand, find etc.）
② 　道具を用いて顧客が具体的にできるようになること
　　（do, execute, work etc.）

　ただし，理想追求型QCストーリーの初心者にはこの検討をお勧めしません．理由は次項のとおりです．

〈注意事項５〉「道具」という言葉を何度も用いましたが，これは具体的な製品・サービスを指しているのではありません．ここでいう「道具」とは，「当該事業が顧客に手を差し伸べる何か」であって，具体的な姿かたちを想定することは賢明ではありません．第１章で述べたとおり，私たちには，すぐにモノに落とし込みたがる悪いクセがあります．それゆえ「道具」という言葉を用いることをいささか心配しているのですが，具体的な製品・サービスの姿かたちを考えるのは理想追求型QCストーリーの一連のプロセスにおいて最後の最後であることに十分注意してください．

■ステップ９：組織内部の知識の集約

　重点要求項目が絞られた後，その実現に関わり得る自分たちの経営資源をリストアップします．なお，ここでいう経営資源は，技術シーズやノウハウ，設備，システム，人材，ツールなど，多岐にわたります．

第10章　実践ワークブック―理想追求型QCストーリーを実践してみよう―

〈注意事項1〉　既存の経営資源にはそれが蓄積されるに至った当時の目的あるいは文脈があります．当時の目的や文脈が明確であるほど，「策定した事業が目指す姿の実現」に寄与する可能性のある資源としてリストアップしそこなうという事態が発生します．あるいは，本ステップでせっかく既存経営資源をリストアップしても，次ステップでこれまでと同様の使い方しか考えないといった傾向が見られます．たとえば，「○○技術というのは，△△という性能を高めるためのシーズだから，今回のことには関係ない」といった具合です．技術的なシーズの場合は特に，使い道が固定的に捉えられてしまっている場合が多く見受けられます．過去の目的や文脈，意味合いに囚われることなく，あくまでも「事業が目指す姿を実現するために」という視点から，新たな役割や意味合いを見い出してあげるくらいのつもりで既存の経営資源をリストアップしてみてください．

〈注意事項2〉　経営資源をリストアップする際，特定部門が保有する経営資源に縛られることがないようにしましょう．特定一部門に所属するメンバーだけで検討する場合は，その部門だけに囚われないよう注意してください．他部門の経営資源もリストアップすることを心がけてください．

■ステップ10：新規要求品質アイディアの導出

　本ステップは，「要求項目」の実現を目指して，その実現に関わり得る「経営資源」を任意に組み合わせて，具体的に何ができればいいのかという「はたらき」を検討します．要求品質という用語の定義どおり，要求項目を充たす手段としての性能，性質を検討します．

〈注意事項1〉　複数の重点要求項目を選んでいる場合は，それらを一緒くたにして要求品質を考えるのではなく，重点要求項目を一つずつ丁寧に要求品質に落とし込むことを心がけてください．

〈注意事項2〉　自社が保有する経営資源のみの組み合わせで要求品質を検討する必要はありません．自社の経営資源に異業種が保有する経営資源

を組み合わせると，斬新な要求品質アイディアが導出される場合があります．ただし，「自社が保有していない経営資源だけ」で要求品質を検討することはやめましょう．一つの要求項目に対して，複数の経営資源を組み合わせて要求品質を考える場合，経営資源たちの中に少なくとも一つ以上は自社が保有する経営資源を入れて検討してください．

■ステップ11：新製品・サービスの考案

　前ステップで導出された新規要求品質アイディアを具体的な商材（製品・サービス）の姿かたちに落とし込みます．その際，フォーマットシートのとおり，ダミーで構いませんので商品名もつけてみましょう．

　〈注意事項1〉　筆者がファシリテーターを務めたこれまでのケースで，「そのサービスは無償の顧客に対するボランティアですか？　有償にできるのですか？」と訊きたくなることがしばしば発生します．製品・サービスを考える際，「その製品あるいはサービスで，顧客からいくらいただけるのか？」という視点を持つようにしてください．
　〈注意事項2〉　市場シェアを重視している方ほど，たくさんの人々に売れる商材アイディアを出そうとする傾向があります．最終的には，一人でも多くの顧客が望む商材に仕立て上げることが求められますが，本ステップでそれを考えると，相当高い確率でつまらないアイディアになります．そのリード・ユーザーにしか受け入れられないかもしれない商材アイディアであったとしても，ご自身で勝手に却下なさらないでください．

■ステップ12：価値次元創造の可能性検討

　さあ，いよいよ最後です．前ステップで導出された新製品・サービスによって，現行市場における価値次元が，どのような新たな価値次元に転換される可能があるのかについて考えてみましょう．ステップ0で現行価値

次元を記入したシートを引っ張り出して，そのシートの「新・価値次元」の欄に新製品・サービスがもたらす新たな価値次元を記入してください．

　本ステップの結果，現行の価値次元を転換するものだといえる場合は，ステップ8までに定めた事柄を保持して，ステップ9以降を再スタートしましょう．単発の新製品あるいはサービスだけで終わらせるのではなく，ステップ8以降を繰り返すことによって，一貫性のある複数の新製品・サービスを考案していくことが重要です．一方，残念ながら今回の検討が現行の価値次元を転換するものではない場合は，ステップ1に戻って，今回の検討結果のうち使える部分を用いて事業が目指す姿を再検討してください．そのあと，ステップ2以降をやり直します．

〈注意事項1〉　ステップ0で述べたとおり，価値次元表現は「他動詞＋目的語」の英文法の第3文型に則ってみてください．

〈注意事項2〉　新製品・サービスがもたらす価値次元が「現行の価値次元をもっと高く実現する」という場合，それは現行価値次元の達成水準向上(つまり，改善)に過ぎず，新たな価値次元の創造ではありません．新製品・サービスによる新規性が他動詞に係る副詞句にしかない場合，今回のPDCAはやり直しです．早速，2回目のPDCAに入りましょう．

〈注意事項3〉　最大の価値次元転換は，既存の目的語と他動詞の組み合わせを，全く別の目的語と他動詞の組み合わせに刷新することです．それに準ずる価値次元転換は，既存の目的語あるいは他動詞を，別の目的語あるいは他動詞に変えるものになります．要するに，価値次元の転換というのは，目的語と他動詞という2つのいずれか，あるいは両方を全く別のものに変えられるかどうかで判断されます．もちろん，単に別物に変わればよいということではなく，顧客から見ていまより高い対価を支払ってでも享受したいと思える別物に替わることが重要です．目的語と他動詞のどちらも転換できず，単に副詞句が強化されている場合，それは新たな価値次元の創造ではなく，改善されただけであることを改めて強調しておきます．

■検討を終えたら

　本章の冒頭で述べたとおり，理想追求型QCストーリーは何度もPDCAを回すことによって，アイディアの量と質を高めていきます．理想追求型QCストーリーを繰り返して実践することによって，導出されるアイディアの質が高まっていくことを期待しています．第9章でも述べたとおり，理想追求型QCストーリーのステップ構成は，組織の誰もが「ひらめき(≠思いつき)」を発揮するために考案した手続きです．各ステップを繰り返し行うことで，ひらめきを単発で終わらせることなく，事業が目指す姿の際限なき追求を目指して，連続的なひらめきを実践してください．

　筆者は，この実践ワークシートが一人でも多くの方にひらめきをもたらす拠り所として使われることを願っています．ただし，フォーマットが存在することが逆に災いして，シートを埋めることが目的化することも同時に懸念しています．その場合，見た目はキレイなシートができるのですが，導出されたアイディアにはこれといった力がありません．

　筆者がこれまでに経験したワークセッションでは，議論の途中でメンバーの誰かがポロッといった一言が肝になったことが多々あります．メンバー全員がシートをつくり上げることそのものを目的化してしまっていると，そういった発言に気付かないまま議論が進行してしまう危険性があります．筆者がファシリテーターを務めることができればよいのですが，全ての実践取組みに関与することは現実的に不可能ですから，みなさんだけで取組む際はぜひ，メンバーの何気ない一言を拾い上げ，そこからさらに議論を広げることを心がけるようにしてください．なお，本章で紹介した実践ワークシートは，みなさまから寄せられる声をもとに今後も改良していきます．筆者の研究室ウェブサイト(名古屋工業大学　加藤雄一郎研究室ウェブサイト)で最新ワークシートをダウンロードできるようにしますので，ぜひご活用ください．

実践ワークシートのダウンロードはこちら！

ideal-seeking.com　検索

第11章
理想追求型 QC ストーリーが個人の思考にもたらす効果

　本章では，これまでとは視点を変えて，理想追求型 QC ストーリーを実際に経験した個人にもたらされる効果について考えてみたいと思います．本章で紹介する経験者は，前章のマニュアルを用いて筆者がファシリテーターを務めるワークセッションに参加した企業の方々です．ワークセッションの実施形態は様々あるため，読者のみなさまに少しでもイメージしやすくなるように，まずは主要な項目別に整理してみます[1]．

メンバー構成：　特定一部門のメンバーのみで実施する場合と，部門横断型で実施する場合があります．経営トップの判断で当初から部門横断型の取組みがスタートしたケースもありますが，まずは特定一部門の部門長の呼びかけによって単一部門で実施し，その効果を見た他部門長も賛同して部門横断型取組みに拡大していくという場合も少なくありません．第7章のインターナル・マーケティングで述べた「知識の集約と生成」という観点から見れば，スタート時はどうあれ，最終的には部門横断型で取組むことが望ましいと思われます．

実施期間：　短期のものから長期のものまで様々です．短期的なものとしては，1日体験ワークセッションの形態もあれば，講師が毎回入れ替わるオムニバス形式の社内教育プログラムの1コマとして実施する場合もあります．一方，長期的なものとしては，年度の初めにメンバーを入れ替える

能力開発研修プログラムとして実施し，今年で8年目を迎えたケースもあります．いろいろなバリエーションがあるのですが，最も標準的なものとしては11.1節で紹介する全3回パッケージのワークセッションになります．複数回にわたってワークセッションする場合は，各回の終わりに提示する課題をこなすための期間を設ける必要があるため，実施間隔は月1回のペースが一般的です．

実施目的： 理想追求型QCストーリーを産業界に提唱した当初は，新商品開発を目的としたプロジェクトがほとんどでした．現在もこの目的で実施するケースが多いのですが，最近では，「部門横断型の事業全体の価値向上」を目的とした取組みや，「人材育成」や部門間の風通しを良くするための「組織風土改革」を目的として実施するケースも増加しています．

以上のように理想追求型QCストーリーの実施形態は様々あるのですが，本章では最もポピュラーなケースとして「部門横断型の事業価値向上を目的とした全3回ワークセッション」を取り上げ，実際に参加した実務家の声を紹介します．紹介するWSの概要，WS会場の様子，スケジュールをそれぞれ表 11.1, 図 11.1, 図 11.2 に示します．

表 11.1　標準的なワークセッションの概要

――――〈 **標準的なワークセッションの概要** 〉――――

- ●目的　　　　：事業全体の価値向上
- ●メンバー構成：開発部門，生産部門，営業部門，企画部門
- ●参加人数　　：20名
- ●進行形態　　：1会場で20名の参加者が3つのグループに分かれ，
　　　　　　　　随所に中間報告を交えながらの終日ワークセッション
　　　　　　　　各グループとも部門横断型で構成　（図11.2）
- ●実施期間　　：月1回の開催ペースで全3回

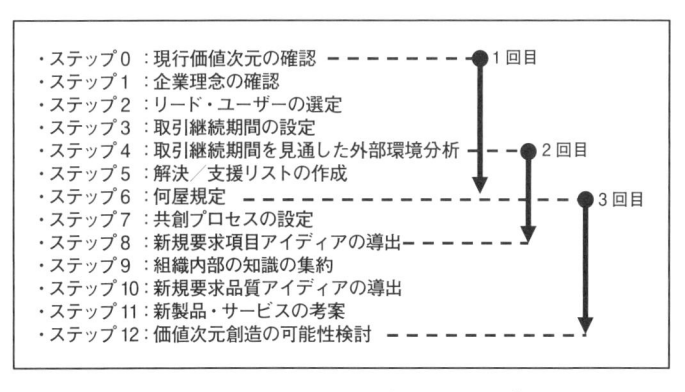

図 11.1　ワークセッション全体のスケジュール

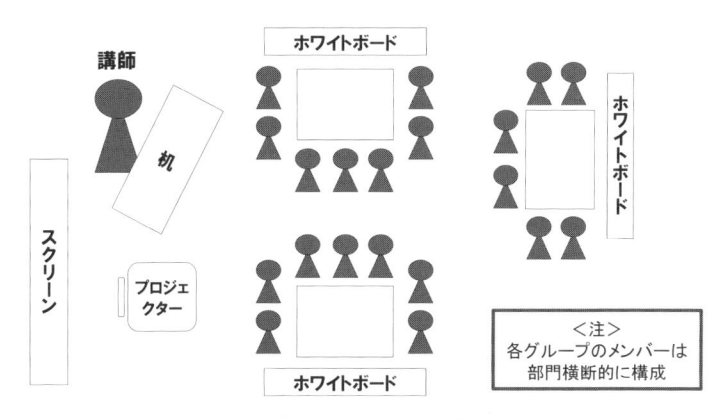

- ステップ 0：現行価値次元の確認　------●1回目
- ステップ 1：企業理念の確認
- ステップ 2：リード・ユーザーの選定
- ステップ 3：取引継続期間の設定
- ステップ 4：取引継続期間を見通した外部環境分析　------●2回目
- ステップ 5：解決／支援リストの作成
- ステップ 6：何屋規定　------●3回目
- ステップ 7：共創プロセスの設定
- ステップ 8：新規要求項目アイディアの導出
- ステップ 9：組織内部の知識の集約
- ステップ 10：新規要求品質アイディアの導出
- ステップ 11：新製品・サービスの考案
- ステップ 12：価値次元創造の可能性検討　------

図 11.2　ワークセッション会場のレイアウト

＜注＞
各グループのメンバーは部門横断的に構成

11.1　ワークセッション体験日記

　筆者が企業からの依頼を受けてワークセッション(以下,「WS」とします)を実施する際は, 毎回の WS 後に「気付きシート」と称した書式自由のレポート提出を求めています. 本章では, ある参加者の毎回の気付きシートをベースに日記風に仕上げてみました. 日記の主人公は製造業の企画部門所属の方です.

(1) WS1回目を終えた日記：「将来を見通すことの重要性」

　初回のWSを通じて，事業がもたらす価値について将来性を持てるようになりました．それは単に「儲かりそう」といった経済的な損得の見通しに留まる話ではなく，自分たちの事業が人々や社会から見てどれだけ重要なものなのかという「事業の重要性」，あるいは「自分たちの仕事の意義深さ」を理解できたからだと思います．使命感にも似た感情が湧き上がり，モチベーションが上がりました．

　しかし，そうはいったものの，実際のWS中は頭を何度もガツンとやられたような感覚でした．初日のメニューを一つずつこなしていくたびに，自分の考え方を改めさせられました．極端ないい方をすると，WS以前は私を含めてメンバーのほとんど全員が「いま」に目を奪われていたと思います．目の前の業務ばかりに囚われていたのです．企画部に所属する私の場合，市場調査などを通じて集められた顧客の声から「売り上げに結びつくニーズ」を探す毎日でした．それはややもすると刹那的で，とにかくいま売れる製品をつくればよいという考えでした．

　今回のWSでは，「取引継続年数」の導入によって，顧客と関係が持続する期間に意識的になり，「その長い期間中に自分たちの事業は顧客の何を実現させてあげたいか」を考えることができるようになりました．その際，リード・ユーザーという考え方は効果的だったと思います．顔が見えないぼんやりした顧客像のままでは，取引継続年数だけで議論していても抽象論になっていたかもしれません．「向こう数十年にわたって，数あるユーザーの中でも象徴的なユーザーを定め，何を叶えてあげるか」を考えることは，とても楽しくて時間を忘れるほど夢中になりました．きっと，「自分たちの事業の将来性を自らつくり込んでいきたい！」という気持ちがメンバー全員に溢れていたからだと思います．

　今回，何より重要だと思ったことは「目的の共有」です．「事業が目指す姿」という目的をメンバー全員で共有したことが，長期的展望を持って誰の何を実現させるかというメンバー全員による議論を活発にしました．メンバーの所属はバラバラで，開発部，生産部など全5部門からグループが構成されています．通常業務の会議では時として各部門の利害が衝突し，議論が平行線になる局面が見受けられます．今回のWSを経験してみて，目的の共有は各部門(≒各人)の利害を超越させると思いました．形式的で無味乾燥な表現で綴られた目的にはそのような力はないような気がしますが，

「自分たちの事業は，人々や社会が抱えるどのような課題にチャレンジしようとしているのか」という問いの答えは，事業の社会的意義を明確にするだけでなく，各人の仕事にも意味を与え，使命感を燃やし，みんなの力を合わせて何としても実現したいという気持ちにさせてくれます．有意義な目的は，組織が一つになる源だと改めて思いました(図 11.3)．

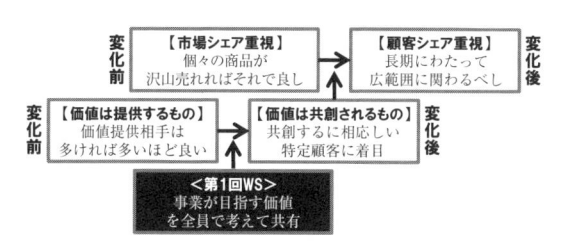

```
         変化前                          変化後
    ┌─────────────┐   ┌─────────────┐
    │【市場シェア重視】│──▶│【顧客シェア重視】│
    │個々の商品が    │   │長期にわたって  │
    │沢山売れればそれで良し│ │広範囲に関わるべし│
    └─────────────┘   └─────────────┘
    ┌─────────────┐   ┌─────────────┐
    │【価値は提供するもの】│◀─▶│【価値は共創されるもの】│
    │価値提供相手は  │   │共創するに相応しい│
    │多ければ多いほど良い│ │特定顧客に着目  │
    └─────────────┘   └─────────────┘
              ┌─────────────┐
              │  <第1回WS>   │
              │ 事業が目指す価値│
              │を全員で考えて共有│
              └─────────────┘
```

図 11.3　WS 1 回目がもたらした変化

(2)　WS 2 回目を終えた日記：「モノ志向の回避」

2 回目の WS では，「顧客志向」という言葉の真の意味をようやく理解できたような気がします．これまでは，いまの顧客の声に忠実に応える商品を開発することが顧客志向だと思っていました．しかし，今回の WS を通じて，「顧客志向」とは，①顧客のありたい姿を理解し，②その実現に至る過程で生じる具体的なニーズを次々と仮説立て，③ニーズを実現する手段を考えていくことだという理解に変わりました．

認識を改めることに決定的に影響したのは，「要求項目」と「要求品質」を明確に分けて，特に前者の「要求項目」を徹底的に考える機会が与えられたことです．これは上記②に相当することだと思います．私を含むメンバーほとんど全員がすぐに自社製品に落とし込みたがる癖がついていました．別のいい方をすると，「自社製品で実現できる顧客ニーズにしか目が向かない」といった感じです．さきほどの①～③と対比すると，①が存在せず，②仮説抜きに確実視できるニーズを効率的に把握して，③即物的に自社商品の仕様に落とし込もうとする，といった感じです．これまでの私たちは，顧客志向といっておきながら，顧客の声からすぐに要求品質を考えようとしていました．今回の WS で講師から「みなさんの事業にできるか否かを考えずに，顧客がやりたいことを自由に発想してください」と教示されたことは顧客志向を再認識すること

に効果的であったと思います．

　自分でいうのもなんですが，私たちのグループは良い要求項目をたくさん出せたと思います．これができた最大の理由は，取引継続年数を考慮したスクリプトをメンバー全員で明確に共有できていたからです．取引継続年数を考慮したスクリプトというのは，いわば，「顧客のありたい姿に至るまでのプロセス」といういい方ができます．そのプロセスは顧客任せの過程ではなく，私たちの事業が深く関わり，私たちが顧客と一緒に共創するプロセスです．このプロセスの中で「一緒に何を実現すべきか」，「一緒に何をすべきか」を考えたから，次々と良い要求項目アイディアを出せたのではないかと思っています．WS中に講師が話してくれた「"思いつき"と"ひらめき"の違い」を，身をもって知ることができました（図11.4）．

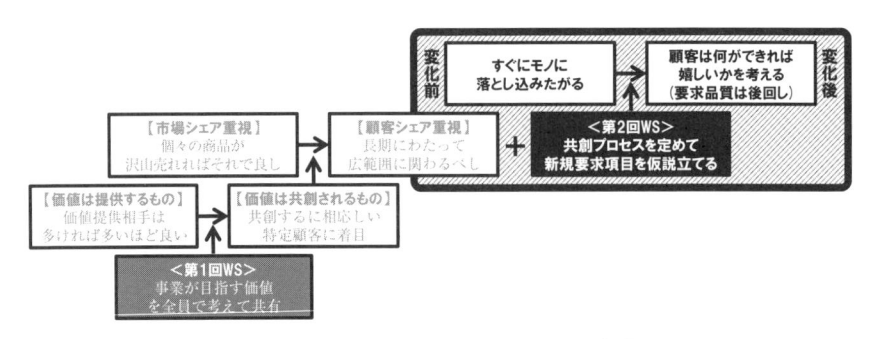

図11.4　WS2回目がもたらした変化

(3)　WS3回目を終えた日記：「部門の枠を超えた知の融合」

　前回のWSでは，私たちの事業ができるかどうかを問わず，顧客の要求項目を純粋に検討しました．そして今回は，その中の特定の要求項目を私たちの事業が実現することを目指して，①着目した要求項目の実現に関わり得る経営資源をリストアップし，②それら経営資源リストから任意の経営資源を組み合わせると自分たちに何ができるかという要求品質を検討しました．今回のワークの最大の特徴は，上記の「①経営資源のリストアップ」と「②要求品質アイディアの検討」を，部門の枠を超えて検討したことです．私が勤める会社は「方針管理」という組織マネジメント手法が深く浸透しており，普段は「自部門としてどうするか」という部門別行動になりがちです．今

第 11 章 理想追求型 QC ストーリーが個人の思考にもたらす効果

回のような「各部門の経営資源を持ち寄って，部門横断的に方策アイディアを考える」という取組みはとても新鮮でした．普段は自分の所属部門という狭く閉じた範囲の中で物事を考えがちだったため，将来の要求項目の実現に関わり得る経営資源が部門を超えて一堂に集められ，それらが任意に組み合わされて新たな方策アイディアが生まれる場は非常にダイナミックであり，大変刺激的でした．自分が思っていた以上にウチの会社にはたくさんの経営資源があることがよくわかりましたし，部門の枠を超えた任意の経営資源を組み合わせによる方策アイディアの検討はまさに「経営資源の総合化」と呼ぶに相応しいものでした．私の視野は確実に広がったと思います．

全3回を終えて振り返ってみると，今回のような部門の枠を超えた創造的な議論ができたのは，第1回 WS で「事業が目指す姿」という目的をメンバー全員で共有できたからだとあらためて思います．初回 WS では，メンバー各人がどこかぎこちなくて，自分の意見をあまり声に出していわない（いえない）人もいました．何事も初回というのはそういうものだといういい方もありますが，回を重ねるうちに，みんなで打ち立てた目的をぜひとも叶えたいという「思いの強さ」と，目的の実現に自分も関わりたいという「貢献意欲の強さ」が増していき，最終的に第3回 WS の創造的な議論に結びついたのではないかと思っています．個の力を引き出し，知識創造に多様性を活かすうえで，個と個を結びつける「場」の重要性を改めて認識しました．創造性溢れる場をつくる鍵は，メンバー各人が「それをぜひ叶えたい．自分もその実現に関わりたい」と思える共通目的を打ち立てることができるかどうかにかかっているといっても過言ではないような気がします（図 11.5）．

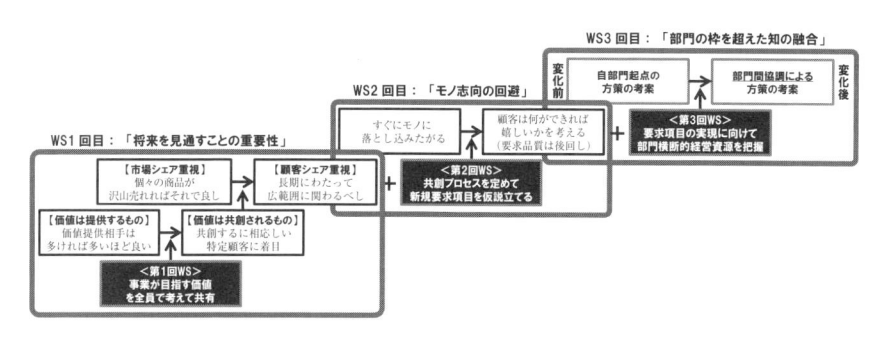

図 11.5 全3回の WS を通じてもたらされた変化

11.2 理想追求型 QC ストーリーがもたらす効果

　前節の実際の参加者の様子から，理想追求型 QC ストーリーが「個人」および「個人間」にある種の効果をもたらしていることがわかります．この参加者は，全3回の WS を通じて図 11.5 のように意識と思考に変化が生じたと考えることができます．この体験者の声を含め，筆者がこれまでに実施してきた理想追求型 QC ストーリー体験者の気付きシートから，注目に値する記述を抜粋したものを**表 11.2** にまとめてみました．

　まず，表 11.2 の第 i 群に目を向けると，「企業理念を自らの言葉に置き換えることで，実現させたい想いが強くなった」，「企業理念を振り返ることで何をすべきか明確になった」，「普段の業務では感じることのない"今までにない価値を創出して社会に送り届ける"ことの喜びを久々に感じることができた」など，理想的な社会を実現するために自社がどんな役割を担っているのか理解することによって，使命感を抱き，その実現に向けた取組みへの参画意欲が高まった様子が伝わってきます．

　また，第 ii 群からは，「事業の存在意義を明確にするとお互い協力しようと思えた」，「共通の目的を持ち，議論を重ねるうちに，部門の違いや先輩・後輩関係なくお互いを尊重するようになった」，「"仲間との協力"を肌で感じることができた」など，顧客のありたい姿を実現させるという共通の目的を持つことによって，これまでの「各部門の立場を守ろうとし，議論が進まない」，「認識が異なり，衝突する」といった部門間の対立が解消されて，部門の枠を超えた「われわれ意識」が醸成された様子がわかります．さらに，第 iii 群では，「活発な意見交換がなされた」，「自分でとことん考えるようになった」，「顧客のありたい姿を常に考えるようになり，導出されたアイディアに対して"必要かどうか"を判断できるようになった」など，目的を実現させることに対する主体性や貢献意欲の高まりが見てとれます．以上の i～iii 群から，理想追求型 QC ストーリーは個人間のコミュニケーションを活性化させる効果があり，「知識創造の場づくり」に貢献する可能性を秘めているといえそうです．

第 11 章　理想追求型 QC ストーリーが個人の思考にもたらす効果

表 11.2　理想追求型 QC ストーリー体験者の声(ⅰ)〜(ⅲ)

(ⅰ) 事業の目的実現へ 向けた使命感の向上	・普段，企業理念を意識して仕事ができていないが，企業理念を自らの言葉に置き換えることで，実現させたい想いが強くなった
	・顧客に何をしてあげたいのか定まらず，ただ闇雲に想像を巡らせていたが，企業理念を振り返ることで何をすべきか明確になった
	・「理想の社会(夢)を描き，自分たちは何をすればよいか」を考えたことは，迷走や紆余曲折もあったが楽しくやりがいがあった
	・事業を通じて何をしていくのか具体的にイメージできるようになり，ハードルの高さを感じるものの，やりがいを感じた
	・これまで収益を上げることばかり考えていたが，顧客にどんな喜びを提供すべきなのかを考えるようになった
	・普段の業務では感じることのない「今までにない価値を創出して社会に送り届ける」ことの喜びを久々に感じることができた
(ⅱ) 部門間の 対立解消	・社会人になってから体験したことのない，「仲間との協力」を肌で感じることができた
	・各部門の立場を守ろうとし，議論が進まないことが多かったが，事業の存在意義を明確にするとお互い協力しようと思えた
	・部門ごとに顧客に何をすべきか認識が異なり，衝突していたが，リード・ユーザーを選定することで認識を一致できた
	・共通の目的を持ち，議論を重ねるうちに，部門の違いや先輩・後輩関係なくお互いを尊重するようになった
	・「生活スタイルを変革させるんだ」というメンバーの総意のもとで一丸となって取り組み，結論まで行き着けたことが有意義であった
	・他部門のメンバーとの交流を通じて，これまで他部門の人のことを自分の価値観ではかっていたことに気がついた
(ⅲ) 目的実現に対する 主体性と貢献意欲の 向上	・業務に追われ自分の意見をいえない人が多い中，「こんな考えを持っていたのか」とメンバーの意外な面が見えてきて興味深かった
	・少しでも良い形でまとめようと活発な意見交換がなされ，自分で考え，意見を持てるようになった表れだと考えると感慨深い
	・顧客のありたい姿を常に考えるようになり，導出されたアイディアに対して「必要かどうか」を判断できるようになった
	・何をすべきか教えてもらおうと今回の WS に参加したが，実現したい目的ができ，自分でとことん考えるようになった
	・顧客のありたい姿を実現させるため，長時間悩み，議論を重ねるうちに，何でもいい合えるようになった

表 11.2 理想追求型 QC ストーリー体験者の声(iv), (v)

(iv) 将来展望を見据えた 長期的な視点の 獲得	・これまではいまの顧客の声に応えることに終始していたが、将来起こるであろう顧客の声も考えるようになった
	・顧客が現在置かれている環境だけでなく、顧客のありたい姿に至るまでの「環境の変化」も考慮するようになった
	・コストや収益を論じるばかりで顧客視点でない短期的な選択肢を選びがちだったが、目的を意識して中長期的な視点で考えることで解消された
	・漠然とした状況の中、取りこぼしがないように手を広げがちだったが、自社は何に注力していくべきか明確なイメージができた
	・理想の社会を描き、それを実現するために自分たちは何をすればよいのか考えるようになった
	・顧客の行動を単独したものとしか捉えるのではなく、一連の行動の流れとして捉えることの重要性を理解した
	・顧客のありたい姿に焦点をあて「何をさせてあげたいか」を考えるようになり、かつてないアイディアを出せるようになった
(v) 事業全体を 見通すことのできる 俯瞰的な視野の獲得	・考えるべきは経営資源を度外視した全く新たな価値ではなく、事業の目的のもと、新たな価値を生む経営資源の最適な組み合わせだと理解した
	・自社は部門単位の業務展開で、他部門を理解することは困難だったが、部門横断での取組みは事業全体を知る良い機会になった
	・今まで自分がやりたいことを提案してきたが、会社を動かすには、各部門が重要視している事を考慮した提案をする必要性を感じた
	・自部門だけで経営資源の新たな活用法に気付くことは困難であり、他部門とディスカッションすることの重要を再認識させられた
	・自部門だけで新たな気付きを得ることは困難であったが、他部門の違った価値観を持った人との議論で新たな気付きが得られた
	・顧客に対し自社は何をすべきか議論する中で、他部門の人は自分とは異なる顧客の見方をしていることを知り、良い勉強になった
	・「利益に繋がるサービス」や「製品販売後に価値を生み続ける仕組み」も考えると、自部門内の資源でできることの限界を感じた

第 11 章　理想追求型 QC ストーリーが個人の思考にもたらす効果

　次に，個人に対する効果に目を向けてみましょう．第 iv 群の「将来起こるであろう顧客の声も考えるようになった」，「目的を意識して中長期的な視点で考える」などの見解から，個人の思考に時間的な広がりがもたらされたことがわかります．それまでの「顧客の声に応えることに終始していた」，「コストや収益を論ずるばかりで顧客視点でない短期的な選択肢を選びがちだった」といった目先の顧客ニーズや利益に囚われる傾向性が，将来展望を見据えた長期的な視点を持つことに修正されたことは特筆すべき変化だと思われます．さらに，第 v 群における「部門単位の業務展開で，他部門を理解することは困難だったが，部門横断での取組みは事業全体を知る良い機会になった」，「考えるべきは事業の目的のもと，新たな価値を生む経営資源の最適な組み合わせだと理解した」，「"利益に繋がるサービス"や"製品販売後に価値を生み続ける仕組み"も考えると，自部門内の資源でできることの限界を感じた」といった見解からは，自部門以外の周囲を見渡すという思考空間上の横の広がりがもたらされたことが示唆されます．第 iv 群と第 v 群を合わせると，理想追求型 QC ストーリーは個人の思考に対して「時間的・空間的な思考範囲の広がり」という質的な変化をもたらす可能性を持っていると考えることができます（**図 11.6**）．

　理想追求型 QC ストーリーが生まれたもともとのきっかけは，魅力的な製品・サービスを創造することだったのですが，本章で紹介したとおり，理想追求型 QC ストーリーを用いた WS を実際にやってみると，当初は予想をしていなかった「参加メンバーの仕事に対するモチベーションの向上」という思わぬ効果があることがわかってきました．しかもその効果は，「個人の意識レベル」の変化に留まらず，「意識の変革に裏打ちされた，思考レベル」の質的な変化に及ぶことがわかってきたのです．ここでいう思考の質的な変化とは，現在のみならず，将来に目を向けるという思考の時間的な広がりと，組織全体を見通すという思考の空間的広がり，という 2 つによる「思考範囲の広がり」です．

　このように，理想追求型 QC ストーリーの活用が企業にもたらす効果は，従業員個々人の意識レベルと思考レベルに質的な変化をもたらすことを通

	局所	俯瞰
長期	**長期的な成長志向あるが視野が狭い思考** 〈顧客への対応〉 顧客に長期的に関わる意思はあるが発想が既存のモノの延長線上 〈組織内部への対応〉 自部門の展望は持っているが事業全体の観点が含まれていない	**長期的展望に基づく全体最適な思考** 〈顧客への対応〉 顧客との取引継続期間を長期的に設定し事業が顧客に関わる範囲を広く捉えられる 〈組織内部への対応〉 自社事業の何に関わっていくのか考え、それに関わる経営資源を組合せられる
短期	**目前の業務に囚われている思考** 〈顧客への対応〉 いまの顕在ニーズに応えることで精一杯しかも、単なるモノ売り 〈組織内部への対応〉 目前の業務に囚われ周りが見えない	**視野は広いが目先のことに留まる思考** 〈顧客への対応〉 顧客の関わる範囲を広く捉えているが関係性を深化させる将来展望はない 〈組織内部への対応〉 他部門との関わりあいは深いが現在生じる事案の「調整」に終始

縦軸：時間的広がり　横軸：空間的広がり

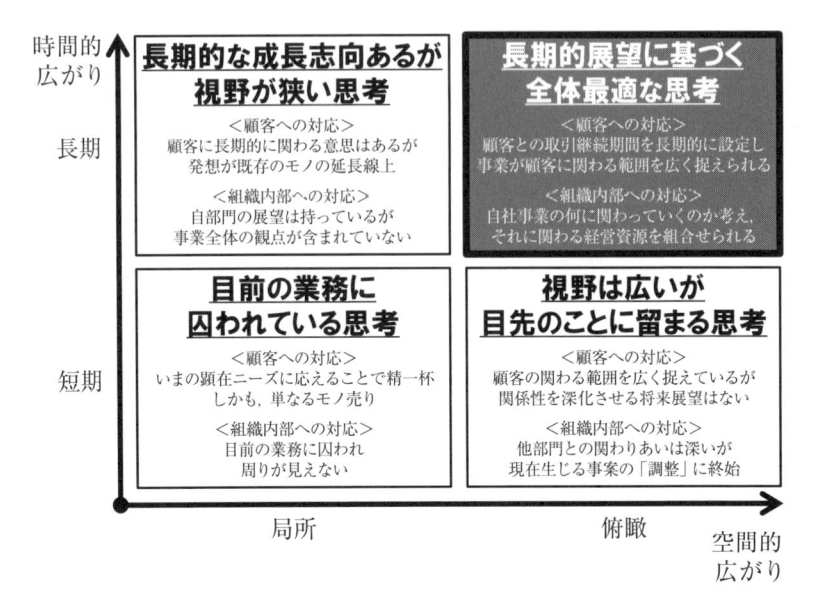

図 11.6　理想追求型 QC ストーリーがもたらす思考範囲の広がり

じて，組織全体の変革をもたらすことにまで及ぶ可能性を秘めているといえそうです．実際，筆者の研究室に対する企業からの依頼が，人材育成や組織風土改革を目的としたものが最近顕著に多くなったのは，理想追求型 QC ストーリーにそのような効果を期待していただいている表れだと思っています．

[参考文献]

[1] 加藤雄一郎・松村喜弘 (2014)：「理想追求型 QC ストーリー：バックキャスティング思考に基づき製品・サービスを創造する新たな手続き」，『市場創造研究』，Vol.3, pp.29-41. 日本市場創造研究会.

第12章 結語

　これまで理想追求型 QC ストーリーを誕生させるに至った背景や事例，理論的な説明，そして実践方法についてお話ししてまいりました．本書の最後に，似て非なる既存の方法論との関係を考えることを通じて，理想追求型 QC ストーリーの固有性を読者のみなさまと共有させていただきたいと思います．

12.1　理想追求型 QC ストーリーの役割

　これまでに複数の学会で理想追求型 QC ストーリーを発表してきましたが，その際に最も多くいただいた質問は，導出されたアイディアの妥当性を問うものでした．たとえば，「設定したリード・ユーザーが適切かどうかを判断する尺度は何か」，「複数の要求品質アイディアが導出された場合，いかに正しく適切に取捨選択するのか」，「最終的な新製品・サービスのアイディアの妥当性はどのようにして説明できるのか」といったものです．理想追求型 QC ストーリーを用いることによって導出されたアイディアたちは，いわば仮説です．仮説は検証されなければなりません．ただし，理想追求型 QC ストーリーそのものは，あえて仮説検証にあたるプロセスを意図的に外しています．仮説検証法は，コンセプト・テストをはじめとする各種市場調査手法や競合分析など，既存の優れた方法論を用いれば事足

りるからです．

　イノベーションを起こすには，発散的思考と収束的思考の両方が必要であるといわれています[1][2]．前者はアイディアを次々に創造していくことができる思考であり，後者は問題解決において解を導き出す原動力となる思考です．そして，両者を明確にすみ分けて，〈発散的思考→収束的思考〉という順番で物事を考えることがイノベーションを起こすうえで重要であるといわれています[2][3]．理想追求型QCストーリーは前者の発散的思考を支援することに特化しています．「仮説の導出と検証」という観点から見ると，理想追求型QCストーリーは継続的な仮説の導出に重きを置いているといえます．

　さて，ここからしばらくの間は，TQM(Total Quality Management)分野に詳しい方向けの補足解説になりますので，「TQM」といわれてもよくわからないという方は12.2節までスキップしていただいても結構です．上述のことを掘り下げるべく，理想追求型QCストーリーと既存のQCストーリーとの関係を考えてみたいと思います．

　「QCストーリー」と呼ばれるもので特に有名なものが2つあります．それは「問題解決型QCストーリー」と「課題達成型QCストーリー」です．前者は「すでに在る目標と現状のギャップ」を埋めることに重きを置いた思考手続きであり，後者が「いまはなく，これから新たに設定する目標と現状のギャップ」を埋めることに重きを置いた思考手続きです[4]．目標と現状のギャップを扱っているという点で両者は共通していますが，**図12.1**に示す特徴の違いがあります．問題解決型QCストーリーと課題達成型QCストーリーのどちらが用いられるのかは「テーマ」に依存します．たとえば，「製品の不良率を減少」，「生産ラインにおけるムダの削減」など，現行システムの洗練化という性格が色濃いテーマの場合，主として「問題解決型QCストーリー」が用いられます．問題解決型QCストーリーは，従来から存在する枠組みを前提として，もっとうまくやるべく改善するために用いられる手法です．一方，「大口顧客依存からの脱却を目指した変種変量生産システムの開発」，「量販店を通さないダイレクトビジネ

第12章 結　語

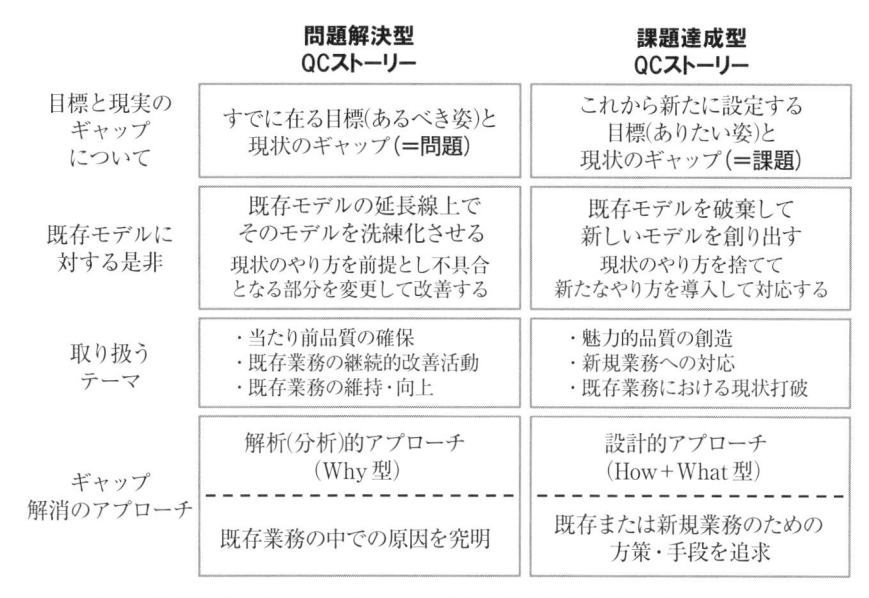

	問題解決型 QCストーリー	課題達成型 QCストーリー
目標と現実の ギャップ について	すでに在る目標(あるべき姿)と 現状のギャップ(＝問題)	これから新たに設定する 目標(ありたい姿)と 現状のギャップ(＝課題)
既存モデルに 対する是非	既存モデルの延長線上で そのモデルを洗練化させる 現状のやり方を前提とし不具合 となる部分を変更して改善する	既存モデルを破棄して 新しいモデルを創り出す 現状のやり方を捨てて 新たなやり方を導入して対応する
取り扱う テーマ	・当たり前品質の確保 ・既存業務の継続的改善活動 ・既存業務の維持・向上	・魅力的品質の創造 ・新規業務への対応 ・既存業務における現状打破
ギャップ 解消のアプローチ	解析(分析)的アプローチ （Why型） -------- 既存業務の中での原因を究明	設計的アプローチ （How＋What型） -------- 既存または新規業務のための 方策・手段を追求

図 12.1　問題解決型 QC ストーリーと課題達成型 QC ストーリーの違い

スモデルの構築」など，これまでとは一線を画す新規システムの構築という性格が色濃いテーマの場合，主として「課題達成型 QC ストーリー」が用いられます．課題達成型 QC ストーリーは，「場合によっては現状のやり方を捨てて，新たなやり方を導入して対応しよう」という場合に用いられる手法です．

このように，対象とする「テーマ」が既存の枠組み（「現行システム」や「現行パラダイム」）を前提とするのか否かによって，問題解決型 QC ストーリーと課題達成型 QC ストーリーのどちらを用いるのかが決まります．その後，具体的な目標が定められ，採用された QC ストーリーの要領に従って「目標」と「現状」のギャップを埋めるための検討が行われます．

問題解決型と課題達成型のどちらの QC ストーリーの場合も，一連の取組みによる効果の大きさは，初動の「テーマ選定」にかかっているといわれています[5]．しかし，実際のテーマ選定では困難に直面している実務

家が少なくないようです(**表 12.1**).よく見受けられるケースとして，自らが所属する部門に関することなど，本人に見えている事柄の中からテーマが選定される場合がありますが，第 7 章で述べた「部門横断的な知識の集約と生成」という観点から見ると，この種のテーマは組織全体から見て局所的な内容に留まる可能性が高くなると思われます．テーマは目標設定に直結することから，筆者の最大の問題意識は「テーマ選定後のプロセス」ではなく，「テーマ選定に至るまでのプロセス」に向けられています．前述したとおり，イノベーションには発散的思考と収束的思考の両方が必要です．テーマ選定にこそ，発散的思考が必要です．理想追求型 QC ストーリーは，発散的思考に基づくテーマ導出力の向上を担う方法論として考案しました．

表 12.1 テーマ選定に関する実務家の声

- テーマ選びで時間がかかり，先に進めない
- 何を根拠にテーマを選べばよいのかわからない
- 結局，会社の上位方針に従ってテーマを選ぶことが多い
- 関係部門以外のテーマだと扱いづらい
- 自分たちがいまやれる範囲でのテーマを選びがちになっている

理想追求型 QC ストーリーは既存の QC ストーリーに取って代わることを意図して生まれたものではありません．**図 12.2** のように，理想追求型 QC ストーリーは既存の QC ストーリーと相互補完の関係にあるといえます．イノベーションを支える発散的思考と収束的思考のうち，問題解決型 QC ストーリーと課題達成型 QC ストーリーは後者の収束的思考を担い，理想追求型 QC ストーリーは前者の発散的思考を担うことで，一連の組織的な取組みがより一層効果的なものになることを願っています．

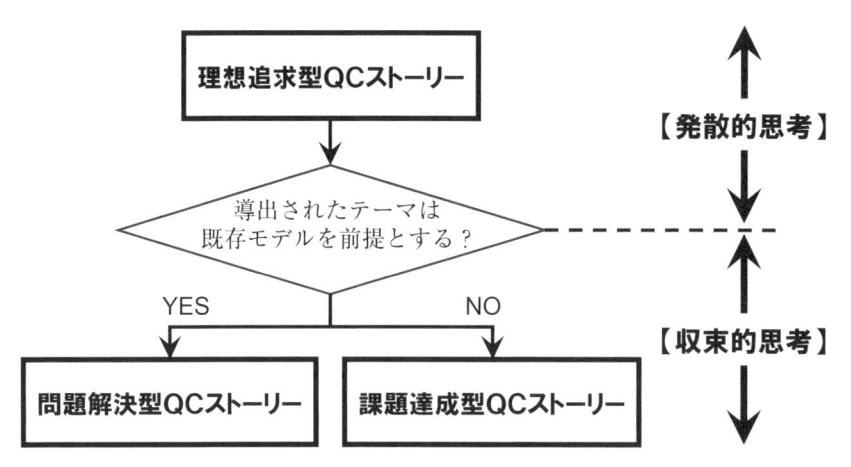

図12.2 理想追求型QCストーリーと既存QCストーリーとの関係

12.2 事業創造人材の育成プログラムの開発に向けて

　最後に，今後のさらなる発展に向けた課題を述べたいと思います．
　本書は「魅力的な製品・サービスアイディアの創造」に強調点を置いてきましたので，ここまで読み進めてくださった読者のみなさまの多くは，理想追求型QCストーリーを実際に用いるのに相応しい部門は，一般的に新製品・サービスに関わり得る開発や企画，マーケティング，営業部門などといった印象を抱かれたかもしれません．たしかに，本書の第Ⅱ部で紹介した2つの事例だけを見ると，**表12.2**(ⅰ)のように，「事業が実現する価値に関連したテーマ」が中心です．しかし，理想追求型QCストーリーを通じて導出される新規方策アイディアは，何も新製品・サービスのアイディアに留まるものではありません．本書では紙面の都合で紹介しませんでしたが，筆者がこれまでに経験した企業との取組みでは，表12.2(ⅱ)のような「価値を実現するための組織オペレーションに関連したテーマ」も議論されています．このことは，理想追求型QCストーリーを用いる主体が企画・マーケティングに関わる部門に限定されるのではなく，生産部門や情報システム部門など，企業のあらゆる部門が理想追求型QCストーリ

表 12.2　理想追求型 QC ストーリーを通じて議題に上がったテーマ

（ⅰ） 事業が実現する 価値に関連した テーマ	・新たな価値次元の創造 ・共創プロセスのタイトルの策定（文脈価値の策定） ・新たな要求項目アイディアの導出 ・新たな要求品質アイディアの導出 ・品質要素の最大化／最小化の検討 ・新たな新製品・サービスアイディアの継続的創造
（ⅱ） 価値を実現する ための組織オペ レーションに関 連したテーマ	・新たに蓄積すべき組織オペレーション枠組みの構築 ・既存の経営資源の位置付けの刷新 ・既存の経営資源の強化 ・新たに蓄積すべき技術的なシーズの検討 ・既存の経営資源の組み合わせ方の検討 ・自社の製品・サービスの組み合わせ方の検討

ーを用いる主体になり得ることを意味しています．

表 12.2 に示した「事業が実現する価値」と「価値を実現するための組織オペレーション」は，競争戦略の二大要素と合致します．競争戦略において前者は「事業の戦略的ポジショニング（SP：Strategic Positioning）」に関連し，後者は「組織能力（OC：Organizational Capability）」に関連します[6]．理想追求型 QC ストーリーを用いた SP と OC の検討は，事業の競争戦略の検討に密接に関わるといえます．

当初は，魅力的な新製品・サービスの創造を重視していた理想追求型 QC ストーリーでしたが，実際に企業と部門横断型の取組みを通じて検討するケースを重ねていくうちに，筆者の心の中では加藤研究室として取組むべき新たなテーマが顕在化してきました．そのテーマとは，「事業創造人材の育成」です．

いま，産業界では**表 12.3** に示すような人材を「事業創造人材」と呼び，企業内に育成することの重要性が説かれています．「事業創造人材」とは，「事業全体の持続的な高付加価値化のため，自社は今後どのような価値を

第12章　結　語

表12.3　これからの時代の産業界が育成すべき人材像

・現場と市場ニーズを結びつけ，市場で売れる価値を生み出し，価値を実現するための事業を新たに創造することができる人材を企業内に育成しなければならない(経済産業省)[7]
・コト価値実現に向けて，自社にしかできない価値提供ストーリーの全体像を構築できる人材を育成する必要がある(経済同友会)[8]
・既成概念にとらわれないアイディアやビジネス・モデルを構築・推進・下支えし，広義のイノベーションを起こしていくことのできる人材を育成していくことが重要である(日本経済団体連合会)[9]
・実務家によれば，会社を良くするためには，経営センスのある人に商売の単位ごと任せられることが重要であるといわれている[10]

提供し，その価値を実現させるために自社はどのような組織オペレーションをすべきかを検討できる人材」を指します．つまり，SPとOCの検討ができる人材を表します．理想追求型QCストーリーを用いたSPとOCの検討は，事業の競争戦略を直接的あるいは間接的に検討することを意味し，この検討の継続はこの事業創造人材の育成につながっていくものと筆者は考えています．

　第11章でも述べたとおり，理想追求型QCストーリーを用いた検討は，ワークセッション参加者本人に変革をもたらすことが徐々にわかってきました．それはいわゆる一般的な「モチベーション向上」に留まる話ではなく，「思考の質的変化」をもたらすというものでした．ここでいう思考の質的変化とは，事業の将来に目を向けるという「思考の時間的広がり」と，組織全体を見渡すようになるという「思考の空間的広がり」といった思考範囲の広がりです．このような思考の質的変化は，事業創造人材の基本的な要件になり得るものだと思われます．事業の戦略的ポジショニング(SP)の設定にはこれを検討する者に中長期的な視点が求められ，組織能力(OC)の設定には自部門のみならず組織全体を俯瞰できる視野の広さを求められるからです．

　現在の理想追求型QCストーリーはステップ12で一旦終了になってい

ますが，筆者の研究室としては今後の理想追求型 QC ストーリーのさらなる発展として，明示的に SP と OC を検討するステップを加えたバージョンアップにすでに取組んでいます．目指すは「事業創造人材の育成」です．前述のとおり，事業創造人材を企業内に育成することの重要性が説かれる一方で，その育成方法についてはまだ発展途上の段階といわれています[11]．筆者の研究室としては，理想追求型 QC ストーリーの基本的な考え方を活かし，これに新たな検討項目を加えることによって事業創造人材の育成プログラムを確立したいと考えています．理想追求型 QC ストーリーはこれからもその可能性を広げ，進化し続けるのです．

12.3　個の創造性を活かす組織づくりに向けて

　事業創造人材の育成のその先には，そのような事業創造人材を活かす組織が必要になります．個人レベルで能力が向上しても，職場にそれを発揮する機会がなければ，つまり組織がそのような能力を必要としていなければ，個人は自らの能力を活かすことができないからです[12][13]．表 12.4 に示す理想追求型 QC ストーリー体験者の声は，「事業創造人材を活かす組織の在り方」という次の課題があることを示唆していると考えています．

　わが国製造業は，これまでキャッチアップ型経営で成功を収めてきたといわれています[14]．キャッチアップ型の経営は「答えは誰かが持っている」という考えに基づいた活動であり，いままでにない革新的な答えを自らが考える必要はありません．なぜならそれは達成すべき目標はすでに存在するからです[15]．不確実性回避の傾向性を持つ私たち日本人には，か

表 12.4　理想追求型 QC ストーリー体験者の声

・現場に戻ると，再び目の前の業務に追われ，学んだことを活かせない
・学んだことをやったが評価されず，やる気がなくなっていく恐れがある
・やることがこと細かく決められているため，自分で考える余裕がない

第 12 章　結　語

つてからキャッチアップ型が馴染みやすかったと考えられます[16].

　一方，理想追求型 QC ストーリーを通じて設定された目標は，「いままでにないもの」を重視しており，必然的に新規性は高くなります．目標の新規性が高ければ高くなるほど，それが実現するまでの過程で具体的に何が起こるのか予測しづらくなります．これは日本の企業が忌み嫌う「不確実性」が発生することを意味します．せっかく新たな目標を生み出せたとしても，組織としては「挑戦への意欲」よりも「失敗の恐怖」が勝ってしまい，新規目標を採択できない恐れがあります．

　このような組織レベルの意思決定の性質を考えると，目標創造の手続きを確立するだけでは十分でないことは明らかです．新たな目標を組織レベルで採択できる風土づくりが欠かせません．いままでにない新たな目標には，不確実性が伴います．しかし，不確実性をゼロにすることはできません．このことについて筆者は，組織がいままでにない新規目標を採択できるか否かの最大のポイントは，不確実性を完全に排除することよりも，不確実性を受け入れることを可能にする組織的な受け皿を新たにつくることにあるのではないかと考えています．

　そこで筆者の研究室では，不確実性に対する組織の耐性を高める受け皿として「V-SOS」と呼ぶ事業構想4点セットの確立を目指しています．詳細は本書の続編に委ねることとしますが，本書の締めくくりとしては，理想追求型 QC ストーリーのその先に，筆者の研究は人材育成と組織開発の体系をつくり上げることを目指しているということを読者のみなさまにぜひお伝えしたく申し上げることにいたしました．

　本書の立脚点を述べた第Ⅰ部のとおり，これからの時代の企業に求められていることは「自ら目標を創造する力」です．これは前述のキャッチアップ型経営とは対極に位置付けられるフロントランナー型経営に欠かすことができない力です[14]．事業が目指すべき目標（SP/OC の両方）が部門を問わず全ての組織構成員から生まれ，組織は自らの将来性溢れる事業構想に沿って不確実性を許容して新規目標を採択し，全ての組織構成員の力で実行，そして成果として結実されるようになることを筆者は心から願って

145

おります。今後,育成すべきは人材だけではありません。そのような人材を活かす組織の開発が不可欠です。フロントランナー型経営を実践するに相応しい人づくりと組織づくりを成し遂げるべく,筆者の研究室は今後も引き続き,必要な方法論を継続的に編み出して,産業界のみなさまのさらなる発展に貢献できるよう尽力していく所存です。

本書を手にしてくださった全ての企業のみなさまに心より御礼申し上げます。私たち加藤研究室はこれからも考え続けてまいります。

[参考文献]

[1]　Collins, J.(2001)：*Good to Great－Why Some Companies Make the Leap...And Others Don't －*, Harper Business.

[2]　Brown, T.(2009)：*Change by Design－How Design Thinking Transforms Organizations and Inspires Innovation －*, Harper Business.

[3]　高橋誠(1984)：『問題解決手法の知識』,日本経済新聞社.

[4]　狩野紀昭監修(1999)：『QCサークルのための課題達成型QCストーリー(改訂第3版)』,日科技連出版社.

[5]　狩野紀昭監修(1994)：『課題達成型QCストーリー活用事例集』,日科技連出版社.

[6]　楠木建(2010)：『ストーリーとしての競争戦略』,東洋経済新報社.

[7]　経済産業省(2013)：「新しい事業を創造するための企業内の人材マネジメントのあり方を考える研究会報告書」, http://www.meti.go.jp/policy/economy/jinzai/frontierjinzai/chosa/innovation24Report.pdf.

[8]　経済同友会(2011)：「世界でビジネスに勝つ『もの・ことづくり』を目指して～マーケットから見た『もの・ことづくり』の実践～」, http://www.doyukai.or.jp/policyproposals/articles/2011/pdf/110624a_02.pdf.

[9]　日本経済団体連合会(2009)：「競争力人材の育成と確保に向けて」, http://www.keidanren.or.jp/japanese/policy/2009/036/gaiyo.pdf.

[10]　楠木建(2013)：『経営センスの論理』,新潮社.

[11]　経済産業省(2012)：「フロンティア人材研究会報告書」, http://www.meti

go.jp/policy/economy/jinzai/frontierjinzai/chosa/innovation23.pdf.
［12］　Chandler, A. D.(1962)：*Strategy and Structure*, The MIT Press.
［13］　Drucker, P. F.(1973)：*management: tasks, responsibilities, practices*, Harpe Business.
［14］　小宮山宏(2007)：『「課題先進国」日本－キャッチアップからフロントランナーへ－』, 中央公論新社．
［15］　Camp, R. C.(1989)：*Benchmarking: The search for industry best practice that land to superior performance*, ASQC Quality Press.
［16］　圓川隆夫(2009)：『我が国文化と品質－精緻さにこだわる不確実性回避文化の功罪－』, 日本規格協会．

索 引

【英数字】

3C 分析　21
CD：Customer Delight（顧客歓喜）　24
CS：Customer Satisfaction（顧客満足）　24
CSV：Creating Shared Value（事業が目指す姿，ビジョン）　64
LTV：Life Time Value　94
MOT：Management of Technology（技術経営）　87
OC：Organizational Capability（組織能力）　142
PEST 分析（外部環境分析）　69
QCD　16
QCD 向上（改善型製品開発，改良型アプローチ）　15
QC ストーリー　138
SP：Strategic Positioning（戦略的ポジショニング）　142
TQM：Total Quality Management　19, 138
VOC：Voice of Customer（顧客の声）　20
Will-Can-Must の輪　22

【あ 行】

ありたい姿　60
あるべき姿（既存目標）　19
暗黙的前提　27
イノベーション　7
意味的価値　71
インターナル・マーケティング（知識の集約と生成）　54, 55
ウォレット・シェア（顧客シェア）　90
オーバーシュート　14
思いつき　89

【か 行】

解決／支援リスト　112, 114
改善型アイディア　62
外部環境分析（PEST 分析）　35, 44, 69, 111
改良型アプローチ　16
改良型製品開発（改良型アプローチ，QCD 向上）　15
価格競争　2, 14
関わる範囲（共創プロセス，スクリプト）　87, 89
革新的アイディア　61
過去の成功体験　16
過剰品質　14

索 引

課題達成型 QC ストーリー　138
価値共創プロセス　98
価値次元　8
　——の創造　8, 41, 50, 55, 122
価値次元の転換（パラダイムシフト）
　8, 13, 123
価値創造　8, 54
感情感覚的価値　71
完全競争　23
企業理念　105
技術経営（MOT：Management of Technology）　87
技術シーズ　10, 47
キャッチアップ　16
キャッチアップ型経営　27
競合分析　21, 22
共創　72
共創相手（パートナー）　107
競争軸　8, 104
競争戦略　7
共創プロセス（関わる範囲，スクリプト）　36, 45, 70, 73, 116
競争優位　27
駆動目標　57
経営資源　38, 55, 120
　——の総合化　131
原因究明力　27
現状把握力　27
コア技術戦略　86
顧客価値　21
顧客関係性　50, 69

顧客シェア（ウォレット・シェア）　90
顧客志向　129
顧客生涯価値　94
顧客ニーズ　14
顧客の声（VOC：Voice of Customer）　74
顧客分析　24
顧客ライフサイクル　94
コスト削減　3
コト価値　70
コモディティ化（同質化）　2

【さ　行】

サービス・イノベーション　17, 88
差別化　2, 15
時間的・空間的な思考範囲の広がり　135
事業が目指す究極的なありたい姿　26
事業が目指す姿（CSV，ビジョン）　32, 42, 56, 64
事業コンセプト　32, 43
事業創造人材　141
思考技術　19
思考の空間的広がり　143
思考の時間的広がり　143
思考の質的な変化　135, 143
思考範囲　89
　——の広がり　135
市場シェア　11, 91

149

持続的改善　55
失敗したくない症候群　145
自分ゴト化　57
収束的思考　138
重点要求項目　37, 47, 120
生涯価値(LTV：Life Time Value)　94
将来のニーズ　23, 37
新規目標の創造　20
人材育成　126
新製品・サービスの継続的創造　62
水平展開　37, 47, 98
スクリプト(関わる範囲，共創プロセス)　83
製造業のサービス化　17, 54, 87
成長(既存モデルの量的な拡大)　92, 97
製品使用価値　71
前提　27, 61
戦略的ポジショニング(SP：Strategic Positioning)　142
組織オペレーション　54
組織横断的取組み　55
組織開発　145
組織実態　13
組織能力(OC：Organizational Capability)　142
組織風土改革　126
ソリューション型ビジネス　54

【た　行】

知識創造　131
　――の場の形成　132
知識の集約と生成(インターナル・マーケティング)　56
同質化(コモディティ化)　20, 25
取引継続期間　34, 44, 69, 95, 110

【な　行】

何屋規定　114

【は　行】

バックキャスティング　59
発散的思考　138
発展(新規モデルへの不連続移行)　92, 97
パラダイムシフト(価値次元の転換)　8
ビジョン(事業が目指す姿，CSV)　56
ひらめき　89
品質要素　15
フォアキャスティング　59
不確実性回避　144
部門横断型の取組み　32
プロダクト・アウト　90
フロントランナー型経営　27
文脈価値　71
ベストプラクティス　20, 25
ベンチマーキング　20, 25

方針管理　130

【ま　行】

マーケット・イン　24, 90
目的の共有(ビジョンの共有，われわれ意識)　128
目標創造力(新規目標の創造)　19, 28
目標と現状のギャップ　138
モノ価値　70
モノ志向　14
モノ偏重　15
問題解決　19
問題解決型 QC ストーリー　20, 138

【や　行】

ユーザー・イノベーション　82
良いビジョンの条件　65
要求項目　37, 46, 74
要求品質　39, 74

【ら　行】

リード・ユーザー　33, 43, 106
理想追求型 QC ストーリー　20, 32, 42, 102, 138

【わ　行】

われわれ意識(ビジョンの共有，目的の共有)　132

著者紹介

加藤　雄一郎（かとう　ゆういちろう）
名古屋工業大学　産学官連携センター　特任教授
ブランドデザインラボ　所長
株式会社大広　ビジネスインテリジェンス局　客員研究員

〈学歴〉
東京工業大学大学院　理工学研究科　修士課程　経営工学専攻修了(1995年)
東京工業大学大学院　社会理工学研究科　博士課程　価値システム専攻修了(2002年)
学位：博士(学術)　東京工業大学(2002年)

〈職歴〉
株式会社ニチレイ　船橋食品工場　製造技術課(1992-1993)
株式会社大広　東京本社　マーケティング局(1995-2003)
名古屋工業大学大学院　工学研究科　産業戦略工学専攻　准教授(2003-2015)
2015年10月1日より現職．建機，電子機器，自動車，医療器具，化学，トイレタリ，食品，繊維，総合商社，広告など，企業技術指導多数．

〈主な著書・論文〉
『ブランドマネジメント：究極的なありたい姿が組織能力を更に高める』(JSQC選書9，日本規格協会)，『ニッポン品質の更なる飛躍を目指したブランドマネジメント』(品質月間委員会)，『新版 品質保証ガイドブック』(共著，日科技連出版社)，「理想追求型QCストーリー：バックキャスティング思考に基づき製品・サービスを創造する新たな手続き」，「文脈価値の継続的創造をもたらすコンセプトの特徴」(以上，『市場創造研究』第3巻)，「連載：事業の高付加価値化に向けた新たな思考技術の確立と組織マネジメントの在り方」(『品質』，Vol.44, No.1 ～ Vol.45, No.2)

理想追求型 QC ストーリー
―― 「未来の顧客価値」を起点にしたコンセプト主導型の
新製品・サービス開発手法 ――

2014年11月29日　第1刷発行
2015年10月15日　第3刷発行

検印省略

著　者　加藤　雄一郎
発行人　田中　健
発行所　株式会社 日科技連出版社
〒151-0051 東京都渋谷区千駄ヶ谷5-15-5
DSビル
電話　出版　03-5379-1244
　　　営業　03-5379-1238

Printed in Japan

印刷・製本　三秀舎

© Yuichiro Kato 2014
ISBN 978-4-8171-9532-6

URL http://www.juse-p.co.jp/

本書の全部または一部を無断で複写複製(コピー)することは，著作権法上での例外を除き，禁じられています．